부자 나라,
가난한 시민

YUTAKASA TOWA NANI KA

by Itsuko Teruoka

ⓒ 1989 by Itsuko Teruoka

Originally published in Japanese in 1989 by Iwanami Shoten Publishers Tokyo
This Korean language edition published in 2007 by Kungree Press Seoul
by arrangement with the author c/o Iwanami Shoten Publishers Tokyo
through BOOKCOSMOS.

부자 나라,
가난한 시민

진정한 풍요란 무엇인가

데루오카 이츠코 지음 | 홍성태 옮김

궁리
KungRee

차례

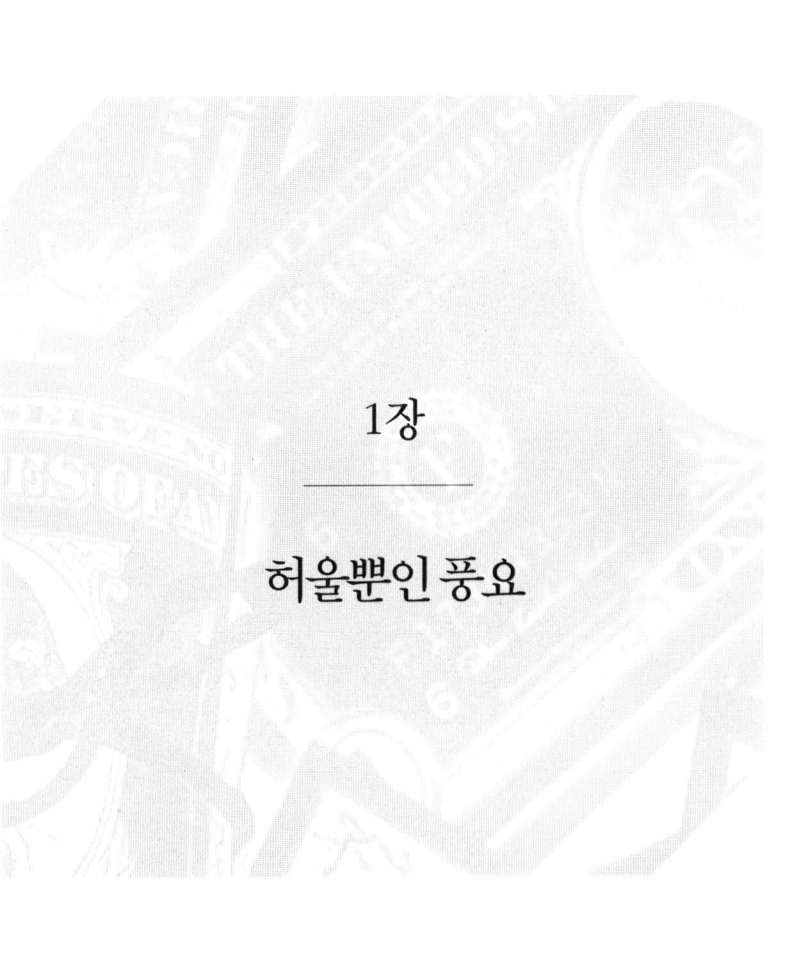

1장

허울뿐인 풍요

돈과 물건이 넘치는 나라

일본은 풍요로운 나라라고 한다. 일본인 1인당 GNP는 1988년 302만 6천 엔(23,620달러)으로 이미 1986년에 미국을 따라잡았다.

일본의 국토면적은 미국의 1/25밖에 안 되지만, 땅값의 총액은 미국 전체의 4배를 넘는다(1987년 말, 1,637조 엔)고 한다.

일본인의 저축합계는 약 580조 엔으로 1년치 GNP를 훨씬 넘는다.

법인 기업의 접대비는 연간 약 4조 2천억 엔(1987년 국세청 조사)으로 하루에 115억 엔을 지출한 셈이다.

이런 숫자를 일일이 제시할 것까지도 없다. 가게에 넘쳐나는 갖가지 상품들. 셀린느며 버버리도 아무렇지 않게 색색으로 차려입은 젊은이들. 매일매일의 풍성한 식사와 산처럼 남긴 음식. 비워도 비워도 곧 넘치는 쓰레기통. 커다란 쓰레기장의 가구며 전자제품들.

해외여행을 가는 일본인들이 공항에 넘치고, 여행만으로는 만족하지 못해서 해외의 부동산과 미술품을 사기 위해 헤매고 다닌다. 젊은이들의 결혼비용이 평균 7백만 엔 이상이라거나, 정치인의 하룻밤 파티에 수십억 엔의 정치자금이 모인다는 따위의 얘기를 들으면, 일본 사회는 위에서 아래까지 돈이 펑펑 남아도는 것으로 보인다.

이런 일상의 경험을 통해 우리는 싫든 좋든 일본이 돈이 많은 나라라는 것을 알게 된다.

제3세계의 모습은 40년 전의 일본

만일 일본의 풍요를 의식하지 않는 사람이 있다고 해도, 제3세계에서 기아로 괴로워하는 사람들의 모습을 볼 때, 자기 주위의 풍요를 다시 돌아보기는 어렵지 않다.

하지만 제3세계에서 기아와 병으로 괴로워하는 사람들의 모습은 사실 40년 전 일본인의 모습과 같다.

아직도 일본인의 1/5은 기아로 괴로워했던 전전(戰前)의 기억을 가지고 있다. 1946년, 당시의 광공업생산은 1936년에 비해 28.9%밖에 되지 않았고, 국민소득은 57.1%로, 도시의 소비수준은 55.4%까지 떨어져 있었다.[1]

쌀은 패전하기 4년 전(1941)부터, 의료는 1942년부터 배급제로 바뀌었지만, 배급표가 있어도 현물의 배급은 없고, 토란과 잡곡, 콩지게미

....

1 _ 總務庁 統計局 감수 『日本長期統計総覧2』(日本統計協会, 1988)에 따르면, 1980년을 100으로 해서 1946년의 광공업생산지수는 산업총합으로 1.7이며 1936년은 6.1이다.

를 배급받으면 다행이었으며, 그것조차도 배급이 지연되거나 배급받지 못하는 일이 잦았다.

1945년, 세타가야(世田谷)구에서 실시한 일본생활문제연구소의 조사에 따르면, 당시 배급량은 743kcal, 단백질은 20.6g(1985년, 일본인의 1일 칼로리 섭취량은 2,088kcal, 단백질 섭취량은 79.0g)이었다고 한다.[2]

주택사정은 불탄 함석지붕과 불탄 목재로 된 주택이 50.6%, 불탄 함석지붕과 고목재로 된 주택이 49.2%, 한칸짜리 주택이 84.8%였다.

또한 『일본식생활사연표』[3]를 보면, 1943년에는 목탄과 땔나무도 배급제로 바뀌고, 쌀 대신에 감자가 배급되었다. 학생식당은 폐쇄되었다. 1944년 4월, 《주간매일》에는 〈먹을 수 있는 곤충의 모습〉이라는 기사에 '뱀잠자리 유충, 물땅강아지 애벌레, 검은방울눈벌의 애벌레와 번데기, 물방개(날개, 다리, 머리를 떼어내고, 배만 모아 간장을 뿌려 볶는다)' 등이 나온다.

패전한 해에 굶어죽는 사람이 속출해서 우에노역에서 하루에 6명이 목숨을 잃었고, 12월에는 우에노 지하도의 부랑자 2천 5백 명이 일제히 수용되었다. 쌀의 공출실적은 예정된 분량의 23%밖에 되지 않았고, 야채 반입량은 계획된 양의 1/3밖에 되지 않았으므로, 1946년 6월 도쿄의 주식(主食) 배달 지연은 18.9일이 되어 농림성은 1개월에 10일간의 식량휴가를 결정했다.

1946년 6월 10일 교토통신(共同通信)이 행한 조사에 따르면, 하루에

2 _ 石川弘義著, 『欲望の戦後史』, 広済済堂出版, 1988
3 _ 西東秋男著, 『日本食生活史年表』, 樂遊書房, 1983

한 끼만 먹는 사람이 71%, 한 끼도 먹지 못하는 사람이 15%로 나타났다. 1947년 7월, 주식의 배달 지연 기간이 전국 평균 20일(도쿄 25.8일)이었다. 10월에는 식량을 비합법적 수단으로 구하고자 하지 않았던 도쿄지방법원 야마구치 요시타다(山口良忠) 판사가 영양실조로 죽었다. 도쿄 중앙우체국에서는 대량결근 사태가 발생했다. 등교시간을 노려서 유치원생과 초등학생에게서 도시락을 빼앗는 아이들이 늘어났다.

지금 우리가 마음 아파하며 보는 난민의 모습은 어제의 일본의 모습이기도 하다. 역에는 시커멓고 더러운 모습을 한 채, 맨발로 넝마를 둘러쓴 아이들과 외지에서 끌려온 사람들이 모여들고, 영양실조와 전염병으로 죽어가는 사람들도 적지 않았다.

풍요를 꿈꾸게 된 일본인

그런 기억을 가진 일본인이, 거지왕자의 이야기처럼, 갑자기 여태까지 경험하지 못했던 영화와 풍요 속에서 살고 있다. 일본인 다수가 물건과 돈의 풍요를 꿈꾸게 되었던 것은 어쩌면 당연한 것이었는지도 모른다.

경제동물이라는 말을 듣기도 하고, 돈을 버는 것만을 인생과 사회의 유일한 목적으로 삼고 있다고 웃음거리가 되기도 했지만, 전전의 가난과 전쟁 중의 기아를 아는 사람들에게 가난은 공포였다. 그리고 그런 경험을 가진 조부모와 부모의 손에 길러진 사람들이 현재를 살아가고 있기 때문에 물건과 돈에 매달리고, 모든 것을 돈으로 평가하는 시대정신에서 벗어나는 것은 아직 어려운지도 모른다.

전후 40년 사이에 근면한 국민성 덕분에 용케도 이 정도로 풍요롭게 되었다고 정치가도 재계도 자화자찬한다.

확실히 패전의 폐허에서 살아가고자 국민들이 일어섰을 때, 이들의 가슴 속에는 '충군애국' (忠君愛國)의 정신주의와 '천황의 절대적 권위'에 이끌려 살아가는 것은 이제 지겹다고 생각했음에 틀림없다. 목숨을 부지하기 위해서는 철학보다도 물건과 돈이 중요하다는 것은 패전국민의 체험에서 생겨난 필연적 합의였다.

왜냐하면 정신주의에 기초한 판단은 계속 독선적 잘못을 향해 폭주했지만, 물건과 돈을 얼마나 만들어냈다거나 하는 금전적 가치판단은 누가 봐도 합리적인 객관성을 가지고 있었기 때문이다. 그리고 물론 가난한 사람들에게 물건과 돈은 건강과 행복을 위한 불가결한 조건이기도 했다.

전력(戰力) 포기, 재벌해체, 농지개혁, 노동조합 합법화에 의한 경제민주화가 고성장의 동력원이었던 것은 말할 것도 없다. 민주화와 경제성장의 관계는 아주 밀접했다.

그리고 지금은 늘 '경제대국' 이라는 말을 들으며 살아가고 있다. 그러나 돈과 물건을 자랑하고 돈이 많다는 것을 계속 내세우는 상황에서 실은 그것밖에 내세울 것이 없는 사회의 빈곤함을 우리는 자각할 수 없게 되었던 것은 아닐까? 일본인은 모든 것을 경제로 특화하기 위해 다른 모든 것을 버려왔기 때문이다.

예컨대 '당신 나라의 자랑거리라고 생각하는 것은?' 이라고 질문했을 때, 스웨덴의 젊은이는 62%가 '복지' 라고 답했다(일본의 경우는 6%). 서독[4] 경제가 발전하면서 국민의 주택과 도시환경이 아름답게 정비되었

---

4 _ 역주 - 이 책은 독일이 통일되기 전에 쓰여졌다. 2차대전이 종전되면서 함께 연합국에 의해 강제로 분단되었던 독일은 1990년 10월 3일에 동독의 몰락으로 통일되었다.

고, 사회자본과 사회보장제도가 충실하게 갖춰지면서 문화사업에 대해서도 용의주도하게 공적 보조를 실시하고 있다.

허울뿐인 풍요 __ 여유와 동정(同情)을 잃어버리다

일본의 풍요가 실은 뿌리가 없는 표면적인 풍요일 뿐이며, 그 이면에는 지옥이 입을 벌리고 있고, 허약하게 지탱되는 사상누각처럼 사치가 무너지리라는 예감을 많은 일본인들이 마음속으로 몰래 하고 있다고 생각한다.

예컨대, 만일 자리보전하는 노인이 된다면……, 만일 수입이 줄어 주택대출을 갚을 수 없게 된다면……, 만일 아이를 떠맡은 채 남편과 이별하거나 사별하게 된다면……, 등등.

비상시가 되어도 누구의 도움도 받을 수 없다는 불안과 사람들에게서 소외되었다는 쓸쓸함으로 강박신경증처럼 끝없는 공복감에 쫓기고 있는 일본인은 그래서 더욱더 돈을 모으게 되는 것은 아닐까.

기업이 투자를 위해 투자하는 것은 한없이 자기증식을 계속 하는 것이 목적인 자본에게는 당연한 행위라고 말할 수 있다.

그러나 인간에게 돈과 물건은 본래 생활에 필요한 만큼 있으면 좋은 것이다. 인생에서 돈은 수단이지 목적이 아니다. 가족과 사랑하는 사람이 건강해서 즐거운 생활, 취미, 삶의 보람을 느끼게 하는 일, 인생의 충만감, 순수한 우정, 자연과 함께 있는 편안함, 이런 것들이 충분하다면, 재테크와 머니게임에 한없이 눈을 붉히고 뛰어들 필요는 없다. 자본의 목적과 생활의 목적이 다른 것은 당연하다. 그런데, 기업의 투자열에 감염된 듯이, 주식매매와 리조트용 땅과 원룸 · 맨션에 대한 투자,

결국은 교육도 투자, 교제도 투자, 백중과 연말과 관혼상제도 투자로 계산하는 것이 사회의 풍조가 되어버린 것은 왜인가? 아이들까지 손해를 보면 손을 내밀지 않고, 약자를 보호하지도 않는다.

풍요가 필연적으로 가져오는 차분한 안도감과 인생을 즐기는 여유는 어디에 있을까? 자연스레 솟아나오는 타자에 대한 동정과 공감 등은 돈이 많은 일본 사회에서 나날이 모습을 감춰가고 있다.

1988년 새해 첫날 《아사히신문》에 호리타 젠에이(堀田善衛) 씨가 스페인에서 다음과 같은 글을 보내왔다.

> 그러나 돈을 버는 것과 인생의 행복감은 정말로 그렇게도 밀접한 관계가 있을까? …… 어느 쪽이 행복한 사회를 구성하는가는 쉽게 말하기 어려운 문제이다.
>
> 어느 쪽이 여유 있는, 동정심 있는 사람을 만들어내는가에 따라서 사회적 안정의 정도가 판단되고, 그것에 따라 그 사회에서 사는 것의 행복이 측정되는 것이라고 생각할 수 있다.

호리타 씨는 일본보다 GNP가 훨씬 낮은 스페인이 사회적으로 풍요롭다고 말한다.

일본이 현재와 같이 되어버린 원인을 어느 시대에나 있는 인간의 탐욕과 이기심이라는 마음의 문제에서 찾는 사람도 분명히 있다. 그러나 그렇게 생각해서는 일본 사회에 지금 매우 심각한 문제가 있다고 생각하지 않게 된다. 대중매체를 떠들썩하게 만드는 정치가와 관료의 뇌물 사건은 하나의 상징일 뿐이다.

확실히 어떤 사회에도 탐욕스러운 사람과 그렇지 않은 사람이 있다. 그러나 또 다른 사회에는 더 많은 사람이 여유를 잃고 균형잡힌 판단을 하지 못하는 것도 또한 사실이다.

예컨대 전쟁이 일어났을 때, 사람들의 심리와 판단은 평상시에는 생각할 수 없을 정도로 이상해졌다. 최근에는 미국의 레이건 시대를 인종차별, 소수자의 배제, 비관용, 폭력의 조장시대로 특징짓는 사람들이 많다.

지금 우리를 몰아세우는 금전지상주의, 효율만능주의의 시대정신은 대체 어디에서 유래한 것일까? 멈춰서는 것을 용납하지 않을 정도로 빠르게 흘러가는 일상생활을 풍요라고 느끼기 어려운 것은 아닐까?

시간을 빼앗긴 생활

매일매일을 돌아보면, 살인적 러시아워에 전차와 버스에 타지 못하고 처지지 않기 위해 타인을 밀어제쳐서라도 올라타지 않으면 안 되는 근로자와 학생들이 있다. 대도시에서는 가는 데만 한 시간 반, 왕복 세 시간을 초만원인 차 안에서 계속 서서 통근하지 않으면 안 된다. '가는 데만, 세 번씩 갈아타야 하며, 두 시간이 걸린다'고 하면 '통근이 아니라 여행이다'라고 말한 외국인조차 있을 정도다. 지금 일본 인구의 약 절반은 3대 도시권에 몰려 살고 있다. 반면 다른 한편에서는 부족함으로 고통받고 있다. 지방도시에서는 공공교통시설이 충분히 갖춰져 있지 않아 영업과 통근 자가용차가 늘 정체되고, 차고가 없는 사무실과 가게들 때문에 노상주차가 정체를 더욱 부채질하고 있다. 그리고 근로자에게는 괴로운 왕복시간에 덧붙여 일상화된 잔업이 있다.

어떤 중소 전동기계제조업체에 근무하고 있는 X씨는 아침 6시 반에 일어나서 7시에 집을 나서고 한 시간 반이나 걸려 공장에 가 타임카드를 꽂아 넣는다. 작업복으로 갈아입고 8시 반인 작업시작시간에 빠듯하게 맞춘다. 점심시간은 40분. 거의 매일 저녁 한 시간 반 정도의 잔업이 있고, 잠시 컵라면 등을 먹은 뒤 회사를 나서는 시각이 저녁 7시쯤이다. 9시 가까이 되어서 집에 도착해 저녁을 먹고, 신문 제목만을 잠시 훑고, 전화를 걸거나 텔레비전을 보고 목욕하면 11시쯤이 된다. 다음날 아침 6시 반에 일어나기 위해서는 곧 잠자리에 들어야 할 시간이다. 세탁과 청소와 요리 등 자신의 몸을 돌보는 일은 물론 할 수 없다. 일본의 기업전사는 그를 시중드는 아내가 없이는 일을 계속 할 수 없다. 가족의 단란함도 문화적 즐거움도 제쳐두어야 한다. 그에게 가정은 다만 잠을 자러 돌아가는 곳일 뿐이다.

중소기업의 연차는 1년에 7일 정도다. 근속연수가 1년 늘어날 때마다 연차도 하루씩 늘어나지만, 병이 나서 연차를 쓰게 되는 것이 보통이다. X씨는 지금은 2주 정도를 연차로 쓸 수 있는 근속연수가 되었다. 그러나 계장으로서의 책임 때문에 쉴 수 없다.

친구 Y씨는 출판사에서 일하고 있다. 업무 합리화가 이루어지면서 할당된 노동량이 늘어나고, 마지막 전차 시간에도 맞출 수 없을 만큼 늦어 택시로 귀가하는 일이 잦아졌다. 가족과 함께 식사를 하는 것은 일주일에 한 번 정도. 아이들과는 잠자리에서 얼굴을 보는 것이 대부분이어서, 아이들의 일은 아내에게 맡겨버렸다. 중년에 가까워지면서 가족 속의 고독을 느끼게 되었다. 귀한 휴일에도 가족 사이에 자신의 자리는 없다. 자신의 인생에 관해, 아이들에 관해, 사회가 이르게 될 끝에 관해

진지하게 생각하면, 불안감에 사로잡힌다. 일벌은 불안으로 내몰린 능동적 허무주의의 존재일 뿐인가라는 생각과 함께하게 된다.

일본에서는 주휴 2일이 되어도 즐겁지 않다. 도쿄도 내의 한 금융기관에서 일하는 A씨(28세, 여성)는 두 살 반 된 아이가 있다. 아이는 공립보육원에 맡기고 있으며, 6시까지 데리러 가지 않으면 안 된다. 그러나 2월부터 주휴 2일제가 도입되어 직장에서는 그만큼 평일 근무시간이 20분 연장되었다.

"…… 근무복을 갈아입을 틈도 없이, 겨울에는 외투를 그대로 입고, 요즘은 단추가 없는 운동복 같은 것으로 갈아입고, 아무튼 달려갑니다."

이 금융기관에서 직장의 기혼여성을 대상으로 설문조사를 했을 때, …… 일하는 엄마에게는 '기껏 20분'으로 끝나지 않는 문제라는 사실이 분명해졌다. "20분 연장은 버스 한 대의 차이가 생겨납니다. 결국 귀가가 한 시간 늦어지지요." "저녁식사도 목욕도 대충대충 하게 되고, 아이에게 화를 내는 경우가 많아졌습니다." "무엇을 위한 주휴 2일인가? 근무시간을 연장하는 것은 은밀히 퇴직을 압박하는 것으로 느껴집니다." "기혼여성은 일터에서 갈수록 사소한 존재가 되어가는 것 같습니다." 자유회답란에는 이런 의견들이 가득 쓰여 있다.

"일일 노동강도가 높아져서 토요일에는 피곤하다"는 목소리는 남성직원에게서도 들을 수 있었다.

"주휴 2일제가 되어도 그것이 여유있게 연결되지 않는다. 또한, 연간으로 보자면 노동시간이 약간 단축되었다고 해도, 여성이 계속 일하기 어려운 상황이 된 것에서는 본말전도라고 말할 수밖에 없다"고 은행노동연구회의 시가

히로코(志賀寛子) 씨는 지적한다.[5]

나도 아이들이 어릴 때는 아침이면 보살피는 둥 마는 둥 하고 집을 뛰어나가고, 직장에 도착하면 일을 계속 하느라 점심도 제대로 먹지 못하는 날이 많았으며, 집에 돌아와서는 집안일을 하고, 오직 예정된 일상 속에서 하루가 저무는 느낌이 들었다.

아이들을 서두르게 하려고 '빨리', '똑바로 해' 라고 말하면서, 그때 아이들이 필요로 하는 즐겁고 행복한 생각들을 몇 번이나 했을까? 다시는 돌아오지 못할 내 인생의 중요한 한 장면이었는데도 말이다.

아이들은 아이들대로 숙제와 시험에 쫓겨 자연 속에서 친구들과 어울려 놀거나 모험을 즐길 여유를 가지지 못하고 학교의 관리와 시험경쟁에 허덕이고 있다.

아이들의 교육비를 벌기 위해 많은 주부들이 시간제로 일하고, 부모와 아이의 대화는 점점 줄어들며, 혼자 쓸쓸히 식사를 하는 아이들이 늘고 있다고 한다. 주부가 시간제로 일하는 이유로 교육비, 주택대출, 노후대책 등이 항상 최우선으로 꼽히고 있다. 단지에서도, 지역사회에서도, 이웃끼리 좋은 인간관계와 생활환경을 만들어내려는 여유를 가진 사람은 드물며, 노인을 상대하는 사람도 없고, 입원한 가족 때문에 젖먹이를 데리고 병원을 다니는 엄마의 힘든 모습을 보고도 손을 내밀어 도와주려는 사람은 거의 없다.

그것은 인간의 의지가 약해지거나 욕심쟁이가 되었기 때문은 아닐 것

5 _《朝日新聞》1989年 4月 29日

이다.

효율경쟁사회가 가족을 뿔뿔이 흩어지게 하고, 우정을 잊게 하고, 사람들이 공유하는 미래에 대해 혹은 자연과 함께 사는 생활방식에 대해 생각할 시간을 빼앗아가 버렸다.

사람은 경제전사가 되도록 길러지며, 기업전사로서 살고, 노후와 질병은 자기가 책임지지 않으면 안 된다.

풍요를 향한 길을 잘못 걸어온 일본

원래 경제활동은 인간을 기아와 질병과 장시간 노동에서 해방하기 위한 것이었다. 경제가 발전하면 할수록, 여유있는 복지사회가 실현되어야 했다.

그런 점에서 일본은 돈을 많이 가지면 가질수록 거꾸로 간다. 사람들은 더욱더 쫓기고 있고(선진국 중 가장 긴 노동시간), 아이들은 성적순으로 선별되며(세계 각국의 아이들을 취재하고 있는 그림책 작가 비야네르 다미코 씨는 "일본 아이들만큼 자기결정권을 빼앗긴 불쌍한 아이들도 없다"고 말한다), 자연은 여전히 파괴되고 있다.

효율을 다투는 사회의 제도는 개인의 행동과 연쇄적으로 반응하고 있으므로, 생활도 교육도 복지도 경제가치를 구하는 효율사회의 톱니바퀴에 말려들어간다. 경쟁은 인간을 이기적으로 만들고, 한쪽이 이기적으로 변하면, 다른 쪽도 자신을 지키기 위해 이기적으로 되지 않을 수 없으므로, 만인이 만인의 적이 되어, 자신을 지키는 힘은 돈밖에 없게 된다.

그런 사회에서는 인간의 능력은 경제가치를 늘리는가 그렇지 않은가로 판단되며, 똑같이 사회를 위해 일하는 사람이라고 해도 경제가치에 공헌하지 않는 사람은 제대로 인정받지 못한다.

어떤 재계 인사는 "일본은 기업의 우열을 이윤의 많고 적음으로 서열화하고, 설사 양심적·개성적·창조적이라고 할 수 있는 독특한 사풍을 가진 기업이라고 해도, 이익이 많지 않으면 평가받지 못한다"고 탄식했다.

그런 일본에서 복지를 위해 헌신적으로 일하는 사람을 높이 평가할 리가 없다. 그 일이 아무리 사회적으로 필요한 것이어도 경제가치와 무관한 노인과 신체장애자와 정신장애자를 위해 일하는 사람에 대한 사회적 평가는 매우 낮다. 복지사무소에서 보호를 필요로 하는 사람들을 위해 가족처럼 친절하게 일하는 직원보다도 생활보호를 신청하는 가난에 찌든 자를 뛰어난 작전으로 쫓아내는 직원이 유능하다고 평가된다. 그것은 곧 경제가치로 따져서 마이너스인 사회보장에 대해 재정지출을 억제하는 것이 유능한 관리라는 생각이 확립되어 있기 때문이다.

나카소네(中曾根) 내각의 행정개혁과 민생노선은 그러한 가치관을 널리 퍼트리고, 그 흐름을 사회적으로 촉진하자고 선언한 것이었다. 그것은 한마디로 "자연환경의 보호나 복지사회는 경제가치를 줄이고 게으른 자를 만들어내며 일본을 선진국병에 걸리게 한다. 경제활력을 유지하기 위해서는 돈은 돈을 만드는 곳에만 사용되어야 하며, 국민 한 사람 한 사람은 자신의 생활을 스스로 책임을 지지 않으면 안 된다"는 것이었다.

풍요를 동경한 일본은 풍요를 향한 길을 잘못 걸었다. 부는 인간을 행복하게 하지 않고, 오히려 국민의 생활을 억압하고 있다. 예컨대 남아도는 돈은 땅값을 천문학적으로 폭등시키고, 착하기만한 근로자들로부터 주거를 빼앗았다.

아이들은 효율사회의 어른들의 관리를 받아 주체성을 잃고, 사교육비는 가계를 압박하고 있다.

부는 분배되지 않으며, 복지의 보호를 바라는 사람은 모욕을 당하고 있다. "노인을 위해 돈을 쓰는 것은 늙은 나무에 물을 주는 것과 같다"고 말한 정치가도 있다.

민주정치는 돈의 힘 앞에서 인신매매되고 있다.

산성비와 프레온가스는 물론이고 산업폐기물과 쓰고 버린 쓰레기로 자연은 오염되고, 사람들은 핵공포 앞에 두려워 떨면서 에너지 비용에 떠밀려가고 있다.

2장

돈 많은 가난한 나라
─서독에서 본 일본

자본주의국가들 중에서도 특수한 일본

일본에서 생활하면, 매일의 체험을 통해 일본의 상황을 알 수 있으며, 사람들과 의견을 교환할 수도 있다. 또한 감각적으로도 일본에 관해 자연스럽게 많은 것을 알 수 있게 된다.

그러나 일본을 떠나서 사람들과 제대로 공유하지 못하게 되면, 오히려 제삼자로서 더욱 선명하게 객관적인 일본의 모습을 볼 수 있다.

일본 사회 속에 스며들어 있었을 때는 제대로 느낄 수 없었던 것이 갑자기 생생하게 보이게 된다.

한편에서는 공전의 풍요를 만들어내면서, 왜 일본 국민은 왜 가난하고도 위험한 사회에 사는 것일까? 평소부터 그 이유를 생각하면서 때로는 내 관점이 지나치게 비관적인 것은 아닌가 하는 생각도 했다.

그러나 1986년부터 87년에 걸쳐 거의 1년간을 서독에서 보내면서 일본에 대한 내 문제의식이 틀리지 않았다는 것을 깨달았다.

일본은 자본주의국가들 중에서도 특수한 나라이다. 예컨대 『모모』와 『끝나지 않는 이야기』를 비롯하여 현대사회를 날카롭게 비판하는 작품을 썼던 서독 작가 미하엘 엔데[6]는 다음과 같이 말했다.

독일인의 경우, 현재의 문화적 상황은 스스로 끌어들인 비극이라고 생각할 수 있습니다. …… 공업화사회가 이렇게 무자비하게 파괴적인 결말에 이른 것도 스스로 그 원인을 만들었기 때문입니다. 최근에는 유럽인의 몸 속에는 항체가 있다는 생각을 했습니다. 즉 공업화의 결말로서 자신이 만들어낸 독을 제어할 힘 또한 자신 속에 지니고 있습니다. 국가에 대한 충성심은 그렇게 강하지 않습니다. 일본인은 매우 강합니다. '함께' 라는 방향설정과 '공업화사회의 원리' 는 과연 하나의 공동체 속에서 동거할 수 있을까요? 그런 점에서 일본 사회의 위태로움을 느낍니다.[7]

기술혁신으로 더욱더 강해진 자본주의의 생산력은 사회와 개인을 지배하고 움직이는 원동력이다. 하이테크놀러지에 의한 효율성과 편리성은, 만일 인간이 무방비, 무자각한 상태로 그것을 받아들여 흘러가게 되면, '공업화사회가 만든 독' 으로 인간과 사회와 자연은 파괴되고 만다.

그 독을 제어하기 위해서는 항체로서 강한 '개인' 과 사회적 제도를

6 _ 역주 ― 『모모』라는 '어른동화' 또는 '우화소설' 로 유명한 독일의 소설가. '모모' 는 시간도둑인 회색인간들과 싸우는 주인공 거지 소녀의 이름. 국내에서도 많은 독자들의 사랑을 받은 미하엘 엔데는 1929년 11월에 태어났으며 1995년 8월에 세상을 떠났다.

7 _ 《朝日ジ―ナル》 1989年 4月 21日號

기술혁신과 자본력에 뒤처지지 않게 길러내야만 한다.

독을 제어하는 대항수단과 제도란 환경보호와 교육과 사회보장제도와 정치제도와 노동의 바람직한 상태이다. 그러한 항체를 강하게 하는 한편, 대안이 될 만한 또 하나의 생활방식과 사회의 바람직한 상태를 유럽 사회는 끊임없이 모색하고 있다.

그러나 일본에서는 잠재적 불안을 끌어안고도 정계와 재계는 거대한 자본력과 기술력을 찬미하고 경제대국이 되었다는 생각에 도취되어 있기 때문에, 사회는 더욱더 자가중독증에 걸려 병들어가고 있다.

이제 변명은 통하지 않는다

나는 단기와 장기를 포함해서 2년 정도 유럽 여러 나라에 몇 번 머물렀던 경험이 있다. 서독도 처음은 아니다. 그러나 그 무렵은 나에게 그 정도 문제의식은 없었던지, 혹은 일본이 현재와 같이 돈이 많은 나라가 아니었던지, 지금만큼 강하게 일본의 특수한 체질을 제대로 의식하지 못했다.

나는 어떤 나라에 가서도 반드시 노동자가 일하는 조건과 주택, 교육, 복지의 실상을 돌아보았다. 행정당국의 설명을 듣는 것만이 아니라 시민과 노동자의 이야기도 듣고, 자료와 비교하거나 함께 생활하면서 한 사람의 시민으로서 체험도 해보았다.

그러나 그것이 사회주의국가라면 '사회체제가 다르기 때문에'라는 관점에 빠져서, 자본주의국가라면 그 나라의 시민사회 역사의 길이와 사회보장제도의 역사를 생각하면서, '일본은 이제부터 시작이다'라고 생각하는 것으로 일본의 장래에 대한 기대를 이어가려고 했다.

평화로운 복지국가를 목표로 전력을 다한 일본이 머지 않아 국민을 위해 멋진 주택과 학교와 복지시설을 건설할 수 있는 날이 곧 올 것이다. 선진국을 따라잡는 것은 시간문제다, 라고 스스로에게 말해왔다.

그렇지만 이번 서독의 경우는 달랐다. 지금 일본인의 1인당 GNP는 미국을 넘어섰고, 일본은 세계 최대의 무역흑자국이며, 해외에 가장 많은 돈을 빌려주고 있는 최대채권국으로 돈이 많은 나라가 되었다. 일본은 아직 가난하여 사회보장과 사회자본이 정비되지 않았다고 말하는 것은 이제는 자신에게도 타인에게도 통하지 않게 되었다. 그러나 일본도 돈이 많은 나라가 되어 여유가 있으므로 자연을 중요하게 여기고 노동자는 장기휴가를 갈 수 있다는 기대도 어긋나고 말았다.

모든 나라는 저마다의 역사를 지니고 있고, 여러 갈등을 안고 있다. 서독도 그 점에서는 같다. 그러므로 물론 단순히 나라들을 비교해서 어떤 나라가 좋다 나쁘다고 말할 수는 없다.

그러나 일본과 마찬가지로 패전의 폐허에서 일어서서 재건된 서독 사회를 볼 때, 일본과는 다른 또 하나의 번영방식이 있다고 생각하지 않을 수 없다.

공항에서 차분하고 아름다운 마을로

서베를린의 테겔공항에 도착했을 때, 따뜻한 물이 충분히 나오는 세면대와 청결한 화장실을 보고 문득 나리타공항의 부족한 화장실과 그 지저분함을 떠올렸다. 화장실은 GNP와 관계가 없기 때문이라고 말한 사람이 있지만 많은 외국인이 일본의 화장실이 더럽다고 불만을 토로한다.

서독에서는 아침 일찍 공항을 출발하는 사람들에게 대합실에서 커피와 홍차를 무료로 준다. 커피와 홍차는 원하는 대로 마실 수 있고, 도시락 봉지에는 햄과 소시지 등을 넣은 빵, 치즈, 요구르트, 디저트 등이 세트로 들어 있으며, 이것도 선반에서 집어갈 수 있다. 식사시간이 되면 기내식은 따로 나온다.

일본의 나리타공항에서는 수선을 떠는 매점은 늘어서 있지만, 주스 한 잔에도 비싼 돈을 내야 하기 때문에, 무료라는 것이 내게는 처음에는 의아하게 느껴졌다. 습관이라고 하면 그뿐이지만, 아침 일찍 식사를 하지 못하고 나오는 여행객에 대한 배려를 느낄 수 있는 것만으로도 마음이 편안해진다.

이 '편안함'은 그 뒤에도 여러 번 나를 불가사의한 감정으로 끌어들였다. 일본은 치안은 좋지만 기본적인 점에서 안심할 수 없는 나라이기 때문이다.

나는 공항에서 외국인 교사용 숙소로 직행했지만, 도중에 길을 달리면서 압도하는 듯한 많은 나무들에 감동하지 않을 수 없었다. 중국에서도 베이징공항에서 시내로 들어가는 도로 양쪽에 늘어선 나무들은 아름답고 마음까지 시원해지는 느낌이었다. 그에 비해 나리타공항에서 도심으로 향하는 도로를 보면서 왜 그런 콘크리트 정글 속을 통과하지 않으면 안 될까 궁금했다. 나무가 잘 자라는 몬순지대인 일본에서 나무보다 경제가치가 있는 건물을 선택해서 만들어낸 도시의 모습을 다시 생각하게 되었다.

나만이 아니라 많은 일본인들이 말한다. 차분하고 나무가 많은 외국의 마을에 가면 '휴' 하고 마음이 편해지고, 일본에 돌아오면 빨리빨리 긴장하게 된다고. 버스 속에서 녹음이 우거진 베를린의 거리를 보노라면 정말로 마음이 부드러워진다. 도로 분리대에는 나무를 심었으며, 도로와 보도도 잘 나뉘어 있으며, 자전거 도로도 정비되어 있다. 자동차 대기오염 반대단체가 자전거 도로의 정비를 요구한다고 한다. 주택은 도로에서 쑥 물러나서 지어지기 때문에 나무가 드리워져 잘 보이지 않는 것이 느낌이 좋다. 마을은 전체적으로 건물의 높이, 생울타리, 창에 걸린 새하얀 커튼, 베란다의 제라늄 등까지 미적으로 조화로운 환경을 이루어 더욱 아름답다. 요란한 간판이나 네온사인도 없이, 얼마나 조용하고 아름다운 마을인가? 멋대로 건물을 지을 수 없는 서독은 자유롭지 못하다고 말하는 일본인도 있지만, 무계획적인 토지정책 때문에 땅값이 폭등하고 결국은 주택을 지을 수 없는 일본이 훨씬 부자유스럽다고 나는 생각한다.

제멋대로 흩어지고, 비싼 땅 여기저기에 빽빽이 건물이 지어지고, 쓰레기통을 뒤집어놓은 듯한, 일본의 마을에서 온 나는 서독의 도시 풍경에, 365일 이런 마을에서 생활하면 자연히 느긋해지겠다는 생각을 했다.

그런 기대에 걸맞게 나는 숙소에 자리를 잡은 뒤부터 고요함과 우거진 녹음과 창 아래 아침마다 놀러오는 숲의 방문객, 토끼와 다람쥐의 모습에 뭐라고 할 수 없는 마음의 편안함과 즐거움을 느끼며 매일을 보내게 되었다.

숲과 나무와 동물과 함께 느긋하게 살아가는 사람들

숙소는 녹지대 안에 있었지만 오스카 헬레네 하임이라는 지하철역까지는 불과 2분밖에 안 걸리고, 대학은 다음 역인 다렘 도르프라는 역에서 내린다. 역에 내려 공원을 통과해서 천천히 걸어갈 수도 있었다. 크룸

메 랑케라는 대단히 아름다운 호수가 있는 공원이 거기에 있다.

3년 전에 내가 본에 갔을 때도 숙소는 숲 입구에 있었다. 숲을 통과해서 대학 구내에 들어갈 때까지 아름답고 작은 개울이 있고, 초봄에는 야생 제비꽃과 은방울꽃이 꽃망울을 터트리고, 낙엽과 솔방울이 깔린 길을 걸어가면 발 아래로 다람쥐가 달아나곤 했다. 숲속으로 작은 포장도로가 나 있지만, 그 길은 흙과 낙엽으로 덮여 있고, 새잎이 돋을 때는 어깨까지 물드는 것이 아닌가 할 정도로 녹음이 짙었다. 검은 개똥지바퀴가 사람의 발소리에 놀라지도 않고 지저귀며 걸어다닌다. 숲속에는 승마로 표지도 있는데, 때때로 말을 탄 아이들과 젊은이들이 보이기도 했다.

때때로 아이들 여러 명이 숲속을 달려가거나 작은 텐트를 펼치고 놀기도 했지만, 숲은 마을의 어디(버스 정류장마다)에나 있으므로 숲과 나무와 동물들은 아이들 일상의 일부였다.

호수의 갈대가 우거진 곳 곁에서 야생 백조들이 조용히 헤엄치고 있는 것을 만난 적도 있으며, 야생 토끼가 가로질러 간 적도 있다. 호숫가를 콘크리트 등으로 굳히지 않아서 갈대와 수목이 물가까지 울창하게 무성한 것도 생태계를 보호하기 위한 것이라고 한다.

자연과 함께 나날을 자유롭게 보내는 아이들과 놀 곳도 없이 텔레비전과 학원을 친구 삼아 지내는 일본 아이들을 비교하면, 그들이 어른이 되었을 때의 감성과 자연관에 얼마나 큰 차이가 생길 것인가를 문득 생각하게 했다.

숲속에는 물론 매점도 없고 주스와 커피 자동판매기도 없다. 시끄러운 음악도 없으므로, 작은 새가 지저귀는 소리와 바람이 속삭이는 소리와 시냇물이 흐르는 소리, 그리고 나뭇잎이 떨어지는 소리가 들릴 뿐이다. 때때로 솔방울이 똑 떨어지는 소리에 뒤를 돌아볼 때도 있었다.

> 은행이 익어 떨어지는가
> 달밤의 밭에서 소리가 난다.
> 풀도 나무도 잠든 한밤
> 아무도 내지 않은 소리가 난다.

일본에서는 결코 잊혀지지 않는 시마키 아카히코(島木赤彦)의 노래를 한낮에 서독 숲의 정적 속에서 문득 떠올리기도 했다.

조용함이라는 가치를 지키기 위해 그곳에서는 사람들이 자연에 대한 경제 가치를 대단히 무시하고 있다. 내 숙소 주위는 녹지대를 보존하기 위해 규제를 하기 때문에 매점 하나 없는 지역이 되었으며, 역에 매점과 꽃집이 있을 뿐이었다. 물건을 사려면 지하철을 타고 다음 역까지 가야만 했다. 그러나 나는 조금도 불편하다고 생각하지 않았다. 물건은 하루 한때 잠깐 가서 사도 되지만, 정적은 하루종일 누릴 수 있는 선물이다. 그 선물의 아름다움에 나는 불편이라는 말을 잊었다.

노동시간이 짧아서인가, 일터에서 돌아온 사람들은 봄에서 여름으로 넘어가는 낮이 길 때에는 지역의 스포츠클럽과 소년축구팀을 가르치면서 함께 땀을 흘린다. 산책을 나가거나 정원을 다듬으며 매우 즐거워한다. 아이들도 초등학교에서 고등학교까지 오후 1시에 끝나므로 놀 시간은 많이 있다.

일본에서는 늦은 밤 전차에서 일에 쫓겨 지친 얼굴을 한 근로자와 귀가

하는 초등학교의 아이들이 의자에 앉아서 조는 것이 당연한 광경이었다.

환경의 한 요소로 생기가 도는 인간의 얼굴이 있다는 것은 얼마나 즐거운가?

지하철역에는 문화행사와 지역의 모임을 알리는 포스터가 매주 나붙고, 하이킹, 사이클링, 저녁식사 모임, 수영, 어학공부과 자원봉사활동 등의 안내도 집합주택 홀에 나붙는다. 마을의 클럽과 교회와 시민회관에서는 교류가 끊임없이 이루어졌다.

서독에서 진기했던 것은 차와 저녁식사 외에 '산책의 초대'가 있었다는 것이다. 내가 지내던 집 현관까지 마중을 와서 숲과 호수와 식물원에 대해 즐겁게 이야기를 나누며 함께 산책하는 즐거움이 초대의 주목적이다. 돈은 전혀 들지 않는다.

독일에서 오래 머물게 되어 나는 같은 자본주의국가라도 일본과는 아주 다른 풍요가 이 나라에 있다는 것을 하루하루 잘 알게 되었다.

일본과 같이 혼잡한 교통편을 이용해서 멀리까지 나가서 삼림욕을 하지 않고, 노인과 아이들이 일상 속에서 즐길 수 있는 거리에 숲과 공원과 호수가 있는 것도 놀랍지만, 풍요에 대한 사람들의 사고방식에 차이가 있다는 사실을 나는 자주 생각해보곤 했다. 지금은 없어진 옛국철 화물조차장에 나무를 심어 녹지대로 만들자고 말하면, 보통 일본에서는 늘 비현실적이라는 결정을 내리며 상대의 의견을 들어주지 않지만, 여기서는 녹음 속에 사람이 있는 것이 상식이며 다수가 찬성하는 의견이고 현실적이었기 때문이다.

문제의식이 풍부한 학생들

대학에서 학생들과 만나거나 시민클럽의 사람들과 알게 되면, 그들은 거리낌없이 솔직한 의견을 주어 나에게 자극이 되었다. 그리고 그것이 내게 일본의 부의 특수성을 깊이 생각해보게 했던 것 같다.

그들에 따르면 풍요란 창조적이고 자유로운 생활방식이 만들어내는 것이며, 그것을 최대한으로 가능하게 하는 것은 정치와 사회이다. 그러므로 일본의 학생이 초등학교에서 이미, 경제가치의 수단인 기업전사답게, 수험공부로 세월을 보내고 자기를 규제하여 사회의 틀에 맞추는 모습을 보면, 값비싼 상표의 옷과 전자제품에도 불구하고 그들이 가난하다고밖에 생각할 수 없다.

서독에서 반핵평화, 반원자력발전, 환경보호, 인종차별반대 집회의 주역은 젊은이다. 일본의 젊은이는 정치와 사회에 무관심하며, 사적인 유희와 이익밖에 꿈꾸지 않는다. 사회정의와 사상에 무기력한 것은 에너지 고갈의 상태를 보여주는 것이며, 언제나 수동적인 일본의 학생은 자기의 의견이 없는 이상한 인간이 되었다.

서독의 대학에서는 다음 학기의 커리큘럼과 예산, 대학의 관리와 연간 행사 등을 교수들과 학생대표가 협의한다. 학생과 교수의 단체교섭도 자주 있으며, 강의 내용에 관해 솔직하고 비판적인 의견을 교수에게 직접 이야기한다. 서베를린의 베를린자유대학만이 아니라 청강했던 도르트문트대학의 세미나에서도 텍스트의 옳고 그름에 관해 두 시간 정도 격론을 벌였다.

교수의 이야기를 들을 뿐인 강의에는 점수를 주지 않고, 세미나에서 학생이 스스로 조사해서 발표하거나 논문으로 보고서를 내는 숙제에 대해서만 점수를 준다. 세미나는 교수와 학생이 함께 만드는 것이라고 생각하기 때문에 세미나의 방식과 내용에 관해 교사와 학생 사이에 뜨거운 토론이 이어진다. 제시간에 토론이 끝나는 경우는 거의 없다. 의견을 물어도 씩 웃으며 학생 쪽에서 좀처럼 질문이 나오지 않는 일본과는 큰 차이가 있다. 서독의 학생은 지식의 양보다도 사고방식을 중요하게 여기는 것으로 보인다. 또한 매주 하루 정도 학생이 교수의 연구실을 자유롭게 방문해 함께 이야기를 나눌 수 있는 요일을 교수는 미리 알려주어야 한다.

일본의 학생에 비해 훨씬 자주적이고 문제의식이 강한 독일의 학생을 보며, 아마 일본의 학생이 참으로 특수한 존재일 것이라고 생각했다.

일본에 관해 그들은 이렇게 질문한다.

"일본에서는 화(和)나 조화(調和)를 말하지만, 언제나 주위에 맞춰서 자기를 규제한다면, 새로운 생각과 문화는 생겨나지 않을 것입니다. 서로 비판하거나 충돌하지 않는다는 것은 그만큼 상대를 믿을 수 없기 때문이 아닌가요? 이해하고 타협하는 동시에 싸울 수 있는 사회가 되지 않는다면 대안적 사회는 생겨날 수 없습니다."

"일본인 부모는 자기 아이들을 어떻게 사회의 틀 속에 집어넣어 적응시킬 것인가, 즉 더 훌륭하게 적응하도록 해서 더 좋은 출세의 자리에 앉히고 싶다고 생각하며 기르고 있는 것은 아닙니까? 그러나 우리는 그렇지 않습니다. 부모는 아이들을 자립시키기 위해, 그리고 자립한 아이가 얼마만큼 큰 자유를 사회와 자기 자신에 부여하는 인간이 될 것인가를 목적으로 기르고 있습니다. 교육의 목적은 지금의 틀에 맞추는 것만이 아닙니다."

"일본의 주부는 가정에서는 주권을 가지고 있다고 들었습니다만, 남편으로서 남성이 육아와 가족의 생활에 대해 책임을 지지 않고 여성에게만 밀어둔다는 것도 일종의 차별 아닌가요? 일본의 여성이 정말로 자유를 바라고 자립하고자 한다면, 왜 더 활발히 정치에 진출하지 않나요? 유럽에서는 많은 여성들이 타인에게 맡기지 않고 자신의 손으로 사회를 바꾸려고 정치책임을 분담하고 있습니다."

"우리는 남아프리카에서 수입되는 상품을 그곳의 인종차별 문제 때문에 보이코트하는 운동을 벌이고 있습니다. 그러나 생각해보면, 일본에서 수출되는 싼 자동차와 컴퓨터에도 같은 문제가 있습니다. 자동차를 만들고 있는 하청노동자의 장시간 노동시간과 토끼장 같은 작은 집. 적은 유급휴가와 퇴직한 뒤의 노인복지의 빈곤함. 그런 희생 위에서 만들어진 일본의 상품과 경쟁하기 위해서는 유럽의 나라들도 근로자의 생활수준을 비슷하게 떨어뜨리지 않으면 안 됩니다. 그러나 그렇게 하면 사람들이 부지런히 수백 년에 걸쳐 쌓아온 기본적 인권과 복지사회는 경쟁을 위해 부서지고 맙니다. 일본이 국제사회의 발전에 맞추어야 합니다. 일본인이 일본에서만 살아가는 것이라면 그들이 좋을 대로 장시간 노동이건 무엇이건 해도 좋습니다만, 국제사회에서 살아가고자 한다면 국제사회의 방식을 따라야지요."

생활기반의 충실함이 풍요를 보장한다

나는 비판정신이 왕성한 학생들의 사고방식과 사회에 대한 이상주의적인 젊은이의 행동을 보고 대학 전의 교육, 즉 유치원 혹은 어린이집에서 고등학교까지의 교육이 어떠한지 알고 싶어져서 견학해 보았다. 여러 학교에서 나는 학생들과 함께 나란히 앉아 수업을 받고 선생님들의

이야기를 들었다. 사회교육의 일환인 시민대학에도 참가했으며, 노인
클럽 사람들과 여행도 갔다. 학생이 사는 아파트와 노인들의 생활상태,
노인홈과 케어를 받는 노인집합주택, 재택방문간호에 대해서 여기저기
돌아다니며 거들어보기도 했다. 그래서 돈만으로 계량할 수 없는 사회
의 풍부한 저력과 그 풍요를 보장하는 토대가 생활기반의 충실함이라는
것을 알게 되었다.

생활기반이나 사회적 공통자본이라고 불리는, 사회의 공유재산에 대
해 투하되는 것은, 건축으로 말하자면, 지하의 기초공사와 같다. 그러
므로 개인의 소비나 시장의 거래를 통해 직접 눈에 드러나지는 않지만,
사람들의 자립, 자유, 여유, 서로 돕는 마음 등은 만인이 만인을 적으로
삼는 약육강식의 사회에서는 나타나기 어려운 것이다.

일본인은 '활력있는 사회'라는 말을 좋아하지만, 기업의 경쟁이라는
의미의 활력과 인간이 자주적으로 창조적인 능력을 발휘한다는 것은 질
적으로 다르다. 인간이 차별받지 않고 자유로운 활동을 펼치기 위해서
는 사회적 공통자본, 즉 사회자본과 사회보장제도가 개인의 일상을 아
래서부터 단단히 지탱해야만 한다. 그리고 그 토대 위에서 다양한 개성
이 피어나서 서로 인정하지 않으면 안 된다.

개성있고 자유로운 교육

예컨대 내가 방문했던 본과 프랑크푸르트와 서베를린의 초등학교에서
고등학교까지 한 학급 학생이 평균 25명이었다(서독은 주나 학교에 따라
어느 정도 차이가 있지만, 거의 비슷하다고 한다). 실제 아이들의 수는 18명
에서 23명 정도였다. 그러나 한 사람 한 사람이 개성있고 자유로운 학

급 분위기는 40명에서 50명이 북적거리는 일본의 학급보다도 더욱 커다란 에너지로 넘치고 있었다. 관리하는 대신 그들을 매혹시킬 정도의 능력을 가진 교사가 아니라면 학급을 하나로 모을 수 없다고 한다.

　수학과 영어 시간에는 두 명의 교사가 한 사람 한 사람 아이들의 자리를 돌면서 개인교수와 같이, 이해하지 못하는 아이나 질문이 있는 아이에게 일대일 문답형식으로 이끌어가 아이가 스스로 해답을 찾아보도록 한다. 이해하지 못하는 것은 부끄러운 것이라는 분위기가 전혀 없으므로, 손을 번쩍 들어서 '잘 모르겠다'고 말한다. 겨우 오늘 알게 했다고 해도, 내일 또 '모르겠다'고 손을 드는 아이들이 많지만, 교사는 참을성 있게 잘 알 때까지 상대가 되어준다.

　장애아가 있는 학급에서는 전문 선생님이 그 아이에게 꼬박 붙어 있어야 하기 때문에 선생님의 수는 많으며, 아이들 전체를 두루 잘 살피고 있어서 장애아는 환영받는다. 장애아에게는 해당 장애에 대응해서 지멘스에서 만든 전동타자기가 공공비용으로 제공되고 있으며, 중증 장애를 가진 아이도 상당한 정도로 필기를 할 수 있었다. 선생님은 장애아가 있는 학급의 특징으로 어른이 아무런 말을 하지 않아도 아이들이 상대방의 처지를 생각해서 쉽게 공격적으로 행동하지 않는 것이라고 말했다.

　또한 만일 학급 담임이, 나는 몬테소리식의 교육[8]을 하고 싶다고 신청하면, 교사를 신임하는 학교 시스템이 있어 즉시 이를 인정하고 값비싼 교재를 공공비용으로 제공한다. 아이들은 등교하면, 국어로 시작해

----

8 _ 이탈리아의 여의사이자 교육가인 몬테소리가 시작했다. 독특한 교구를 사용하는 감각훈련을 중요하게 생각한다.

도 좋고, 산수로 시작해도 좋다.

내가 참가했던 학급에서는 일본과 비교하면 수학수업의 진도 등이 아주 천천히 진행되었다. 6학년 때 분수의 공약수를 배우며, 분수의 덧셈과 뺄셈에 시간을 할애한다. 일본의 아이들과 비교하면, 이해를 하는 데 시간이 충분하다고 느꼈다. 그런데도 늦는 아이는 무리해서 진급하지 않고 반복해서 충분히 배운다. 그 대신에 '3＋3'이라는 한 문제를 이해하는 데도, 3이라는 구체적인 숫자가 생활과 사회 속에 어떻게 존재하는가를 철저하게 체험적으로 익혀서 발표하도록 한다.

예전에 모리 아리마사(森有正) 씨가 프랑스의 수학 답안은 작문형식이라고 말한 것을 떠올렸다. 일본의 산수는 생각하기보다도 일종의 기능이 되어버렸다는 느낌이 든다. 진도는 느리지만 구체적인 경험과 감각을 통해 수를 알게 하고 끝까지 이해하게 하는 그들의 응용능력은 뒤에 힘을 발휘한다. 고등학생과 대학생이 많은 책을 정독하고, 이론과 실태를 분석해서 보고서를 쓰는 것을 보면, 반복연습이 몸에 배어 대학에 들어간 일본 학생의 노력이 얼마나 헛수고이며 논문도 유치한가를 생각하지 않을 수 없다.

일본의 학생과 비교하면, 독일의 학생들은 복장도 식사도 정말 검소하다. 그러나 초등학교 때부터 자유시간이 충분하고, 그 시간을 이용하여 풍요로운 체험을 해나간다. 이러한 체험에서 당연히 풍요로운 발상이 생겨난다.

대학생들에게 초·중·고등학교 무렵의 생활을 들으면, 숲과 호수에서의 캠핑, 등산, 수영, 외국으로의 히치하이크, 승마, 음악, 스포츠, 그림과 조각, 목수일, 자원활동과 교회행사 등 많은 경험을 했다는 것을 알게 된다. 여름방학 때는 숙제도 없으므로 마음껏 학교 밖을 체험할 수 있으며, 자신이 가구를 만들거나 심지어 집까지 만들기도 한다. 나는 어떤 학생의 아파트에서 그가 직접 만든 멋진 문을 보았다.

아이들을 독일의 초등학교에 보낸 어떤 일본인 학부모는 처음에는 일본과의 큰 차이에 당황했다고 한다.

시험 점수가 좋았지만 통신란에 3점밖에 점수를 못 받았길래 그 이유를 교사에게 물었더니 "당신의 아이는 자신의 의견이 없어서"라고 했다고 한다. 지식이란 아이의 생각을 기르고 인격을 길러가는 것이며, 아이의 의견을 기르지 못하는 지식은 지식이 아니라는 것이다. 그 어머니는 "일본에서는 이렇게 저렇게 생각하다가는, 시간이 모자라서 5점을 받을 수 없다"고 말했다.

프로테스탄트 보수계의 일요신문인《도이체스 알게마이네스 존탁스브라트》1987년 11월 15일 호는 일본의 교육에 관해 다음과 같이 썼다.

역사와 수학과 국어를 들소와 같은 기세로 주입하고, 이를 악물고 맹연습한다. 하지만 이해는 하지 않는다. 시험에서는 주어진 답에서 정확한 답을 찾아내는 것을 연습하는 경우가 많고, 독창적인 생각은 묻지 않는다. 교사는 아이들에게 숙제를 강요하고, 상상력을 고갈시킨다.

자기 책임에 앞서서 사회의 책임이 더 크다

한 초등학교 학급에서 독일어를 잘 못하고, 그래서 수학과 국어를 잘 모르는 집시 아이가 있었지만, 담임선생님은 방과후 한 시간 정도 남아서 학습에 뒤처진 다른 아이와 함께 정성껏 가르쳤다. 그 아이를 잠시 자기 집에 데리고 있으면서 가르치기도 했다고 한다. 그런데 뒤쳐진 것을 회복할 수 없다는 것을 알고 담임은 시청에 신청서를 냈고, 시는 그것에 따라서 자격을 갖춘 교사를 가정교사로 지정해서 시의 비용으로 그 아이의 집에 파견한다. 경쟁사회의 전제로 평등에 대한 강한 의무감이 사회 속에 있다는 것을 알고 감동했다. 자기 책임에 앞서 사회의 책임이 있는 것이다. 쉬는 시간에 그 아이는 더욱 활달하게 다른 아이들과 놀고 있었다.

학생도 교사도 자유롭게

고등학교도 오후 1시면 끝난다. 물론 토요일과 일요일은 쉰다. 자유시간은 충분히 있다. 도서관에 가거나 자전거를 타기도 하고, 음악을 좋아하면 피아노와 플룻과 기타를 배우기도 한다. 운동을 좋아하는 아이는 각 지역의 축구클럽과 수영클럽에서 운동을 즐긴다. 어느 쪽이든 무료거나 싼 회비로 코치의 지도를 받을 수 있다. 어린이회관과 교회는 지역활동의 중심이다. 중학생 정도가 되면 기타를 매고 오스트리아로 떠나기도 한다.

일본에서는 남성 정년퇴직자가 '큰 쓰레기'라거나 '산업폐기물'로 불리지만, 그것은 어릴 때부터 자유롭게 자신의 시간을 즐기고 이용하는 습관을 기르지 않아서 언제나 자신의 인생을 가지지 못했던 인간의 비애가 아닐까?

자유로운 것은 아이만이 아니다. 초등학교 선생도 교장의 관리를 받거나 명령받는 경우는 거의 없고, 믿고 맡기기 때문에 교육과정에서 교사의 개성을 드러낼 수 있다. 체벌은 절대금지이다. 일본같이 규칙으로 정해서 획일적으로 보조를 맞추고, 주임교사에게 하나하나 물어야 하는 기안과 회의에 휘둘려서 수업이 학습지도요령의 지배를 받지도 않는다.

교사를 비판할 자유를 가진 것은 부모와 아이들이다. 학부모회는 자주 열리며, 성적이 좋지 않은 아이의 부모일수록 의견을 활발히 말하고, 교장과도 자유롭게 면담할 수 있다(도쿄 코가네이(小金井)시의 주부들이 히노마루와 기미가요[9]에 관해 교장에게 면담을 신청했으나, 그 사람들만을 면담하는 것은 불공평하다는 이유로 거절당했다). 아이 때문에 거꾸로 학교에서 부모를 불러 사죄하게 하거나 교칙위반으로 책임을 지게 하는 일은 없다. 만일 있다고 한다면, 아이가 계획적으로 폭력을 휘둘러 다른 아이를 다치게 했을 때뿐이라고 한다. 일본에서는 치마의 길이와 양말의 색과 머리모양 때문에 부모를 불러서 야단을 치기도 한다.[10] 부모는 아이를 인질로 잡혀두고 있기 때문에 그저 잘못했다고 사과할 뿐이다.[11]

자유로운 것은 교육의 세계만이 아니다. 어쨌든 서베를린에서는 지하철과 버스의 운전기사와 차장도 제복을 입지 않는 모습에 나는 깜짝 놀랐다. 빨간 스웨터를 입은 금발의 여인이 홈에 서 있었는데, 이 사람이 역무원이었다. 홈에서 한 단 높은 대 위에 서서 발차신호를 하고 있

---

9 _ 역주 ― 히노마루는 일본 국기이며, 기미가요는 일왕을 찬양하는 내용의 일본 국가. 메이지 일왕 때 국기와 국가로 제정되었으며, 군국주의 일본의 상징이다.

10 _ 역주 ― 이런 반인권적 규율은 모두 군국주의 일본의 유산이다. 한국의 학교들이 이런 식으로 학생들을 괴롭히는 것은 결국 군국주의 일본의 식민지배의 유산이다.

11 _ 역주 ― 한국의 경우에 이런 문제는 더욱 심각하다. 부패·무능·폭력교사의 뒤에는 부패한 사립학교재단이 자리잡고 있다. 이들은 막강한 자금력으로 강력한 정치 네트워크를 형성해서 부패한 사립학교재단을 오히려 보호하는 사립학교법을 제정했으며, 이 법을 개정하고자 하는 역사적 노력을 수단과 방법을 가리지 않고 막아왔다.

었기 때문에 알았다. 차내 검표원만 제복을 입었다.

초 · 중 · 고등학교 교사의 자유로움도 일본에서는 생각할 수 없을 정도이다. 수업시간도 학년이 시작할 때 자신은 한 주에 몇 시간을 하고 싶다고 신청한다. 수업시간을 적게 신청하면 월급도 그만큼 줄어들지만, 올해는 공부를 좀더 하고 싶다거나 육아에 신경쓰고 싶을 때 등에는 자유롭게 시간을 할애할 수 있다.

여성 근로자는 산전 6주간, 산후 8주간은 유급휴가(고용주와 사회보험이 부담)를 가지고, 그 뒤에도 반년간은 고용주와 국가가 유급휴가를 보장할 의무가 있다. 근로자의 연차유급휴가는 최저 1개월(대학교수의 여름휴가는 3개월)이고 그밖에 남녀 모두 연간 5일씩 병가를 쓸 수 있다. 더욱 놀라운 것은, 만일 무급이라도 좋다면, 교사는 10년까지 휴가를 쓸 수 있고(나누어 써도 좋고, 계속 이어서 써도 좋다) 복귀할 수 있다. 이 제도는 다른 직업으로도 퍼져가고 있다.

중학교 지리수업을 참관했을 때도 그 여선생은 남아메리카를 공부하는 수업을 위해 실제로 남아메리카에서 살았던 경험을 살려 현지의 신문과 사진을 보여주며, 아침 일찍 교회 앞에 버려진 아기와 가난한 빈민가의 노동자 주거상황 등을 설명했다. '가난'이 어디에서 비롯되는가에 대해 학생들은 모두 활발히 토론했다. 그리고 수업은 차차 산악지대와 산업과 교육문제로 넘어갔다. 이렇게 학생들을 끌어들이는 수업은, 휴가가 충분하고 세계 여기저기서 실제로 생활하며 자신의 마음속에 공감과 과제를 지닌 교사가 아니라면 할 수 없다. 산맥 이름, 강 이름, 기후, 특산물, 공업생산량 등을 주입식으로 암기하던 지리수업을 나는 또다시 떠올렸다.

일본에서는 언제나 정해진 틀이 있어서 이런 틀이 사라지면 일본인은 불안해진다. 휴가가 길어지면 당장 무엇을 해야 할지 몰라서 안절부절못한다. 학창시절부터 자신의 요구를 잘 드러내지 못해 동료와 틀어지는 것을 극도로 두려워한다.

지켜보지만 강요하지는 않는다 __ '비행' 소년소녀 교육

나는 2년 전에 도르트문트시립특수교육학교(방화와 절도, 상해사건을 저지른 소년소녀들을 교육하는 시설)를 방문한 적이 있다. 일본으로 말하자면 소년원 같은 교정시설이다. 그러나 거기에는 교정을 위한 훈련도 감독도 없었다.

교정에는 당나귀가 돌아다니고, 토끼, 모르모트, 작은 새, 조랑말 등을 낮은 울타리 안에 놓아 기르고 있어서, 소리를 내서 부르면 앞다퉈 몰려온다. 학생들은 각자 쓰다듬거나, 뽑아온 풀을 주거나, 볼을 맞대고 비비거나, 동물들과 마음을 주고받으며, 다친 마음을 점차 치료하고 믿는 것을 배운다고 한다.

학생들은 자기 방의 열쇠를 각자 가지고 있어서 교사라고 해도 본인의 허락 없이는 방에 들어갈 수 없다. 건물도 놀이기구도 모두 나무를 사용해서 정글짐과 통나무집, 체육실, 음악실, 공예실, 급식실, 식당 등이 모두 훌륭하게 정비되고, 교사들도 그들을 지켜보기만 할 뿐 강요하지는 않는다. 한 명의 학생에게 한 달에 50만 엔을 쓰고 있다고 들어서 놀랐지만, 바다와 같은 포용력을 느끼게 하는 교장은 대수롭지 않게 말했다.

"이 아이들을 내버려두면, 아마도 그들은 같은 처지의 친구들과 결혼하고, 아기를 낳고, 그 아기들은 다시 불행한 삶을 살면서, 사회의 문제아가될 것입니다. 그렇게 생각하면 50만 엔은 조금도 많은 돈이 아닙니다."

아이들이 자유롭게 동물들과 마음을 열고, 교사들과도 서로 믿을 수 있게 되면, 이번에는 마을의 집을 빌려서 교사와 그 가족과 자원봉사활동을 하는 대학생들과 4~5인의 가족을 만들고, 거기에서 마을의 학교로 등교한다고 한다. 물론 주위의 사람들은 그들을 그냥 평범한 가족이라고 생각한다. 여기서 쇼핑, 요리, 세탁, 청소, 보건위생, 가계 등 생활의 자립심을 몸에 익히고, 학교를 졸업하면 자신의 가정으로 돌아가거나 사회인으로 독립한다. 이렇게 해서 80% 이상의 소년과 소녀가 범죄를 다시 저지르지 않고 사회인으로 건강하게 살아간다고 한다. 혹은 다시 문제에 부딪히거나 사회와 충돌한다면, 언제라도 이 학교로 돌아와서 교사들과 상담할 수 있다.

만약 일본이라면 이렇게까지 공적인 비용으로 보호하는 것은 낭비이며, 설사 사람이 죽는다 해도 엄격하고 폭력적인 교정시설에 입소시키는 쪽이 쉽고 빠르다고 할지 모른다. 그러나 그 부작용은 사회를 좀먹고, 어른의 마음도 황폐하게 만든다.

한 사람 한 사람을 가정적으로 가르친다 __ 특별학급

아이들을 일단 가정에서 떼어놓는 교육시설의 경우, 가정에서 지역의 학교에 다니게 하고, 그 중 특별학급을 편성하는 곳도 있다. 공부가 매우 뒤진 아이와 정서불안이 심한 아이 등 4~5명을 한 학급으로 만들어서 숙련된 교사가 가르친다. 일본의 양호학급과 비슷한 것으로, 교사는 우리조차 몇 분만 이야기를 나누어도 헤어지고 싶지 않을 정도로 훌륭하며, 교육자인 동시에 소아과의사로서 훈련을 받은 사람들이다.

이 학급은 아침식사를 함께 하는 것으로 하루를 시작하는데, 그 식사가 얼마나 풍성한지 모른다. 프랑스빵, 과자빵, 식빵, 호밀빵 등이 잔뜩 쌓여 있고, 치즈와 햄 등이 음료수와 함께 식탁에 넉넉하게 놓여 있다. 이렇게 식사를 하면서 우선 기분을 부드럽게 하고 자신의 가정과는 다른 인간관계와 식사방식도 있구나 하고 느끼게 한다. 그리고 잠시 쉰 뒤 수업을 시작하며, 한 사람 한 사람을 진정으로 가족처럼 가르친다. 그래서 일찍 보통 학급으로 돌아간다고 한다.

지금은 기독교민주당(CDU) 정부가 들어서서 이런 예산이 삭감될까 걱정이라고 그 교수가 말했다. 그러나 나는 마음속으로 만일 삭감된다고 해도 그런 경험을 가진 사회와 그런 경험을 한 번도 가지지 못한 사회는 다른 미래를 걸어갈 것이라고 생각했다.

개실제(個室制)로 활기있는 노인홈

아이들만 풍요로운 생활을 하는 것이 아니다. 나는 몇몇 도시의 노인홈과 노인병원을 방문했다. 재택간호를 돕기도 하고, 건강한 노인들과 함께 버스여행과 배여행을 하기도 했다.

노인홈과 병원은 같은 건물 위아래 층에 있거나, 옆건물에 가까이 있어서 노인은 병원과 홈을 오갈 수 있다. 일본처럼 퇴원해보니 자신의 호적이 없어졌다는 등의 일은 일어나지 않는다. 사이타마(埼玉)현 노후보장연락회의 호혼 히로코(帆本ひろ子) 사무국장은 1989년에 이시가와

(石川)현 고마쓰(小松)시에서 열린 노인복지연구집회에서 다음과 같이 말했다.

　　"입소한 노인에게 건강하시냐고 말을 건네도 '예'라고 하며 슬쩍 웃을 뿐입니다. 대답하는 모습 하나에서 이번에는 어디로 돌아가야 하나라는 불안감이 엿보입니다. '예'라는 말 뒤에 이렇게 불안함이 숨어 있습니다. 체념하는 방법을 몸에 익힌 노인의 비참함이라고 할까요."

일본의 경우, 특별양로노인홈에는 몸이 자유롭지 못한 병든 노인들이 많이 있으나, 의료비라고 할 수 없는 새눈물만큼의 약값과 파트타임 의사가 있을 뿐이며, 의사가 입회하지 않은 채 죽는 노인들이 적지 않다.

　내가 방문한 서독의 노인홈은 모두 개실제였다(영국, 러시아, 폴란드, 슬로베니아도 마찬가지다). 노인들의 몸과 사고방식에는 각자의 일생이 배어 있다. 홈에 들어온 노인들은 연세로 보아서 이미 타협하거나 조화를 이루는 것은 무리다. 일본의 공적 노인홈은 4인실이지만, 덥다고 느끼는 사람은 창을 열려고 하고, 춥다고 느끼는 사람은 창을 닫으려 해서, 서로 의견이 맞지 않는다. 건망증이 심한 사람은 자기방어가 강해져서 무언가 잃어버리면 곧 같은 방의 사람을 의심한다. 세계에서 가장 돈이 많은 나라가 어떻게 노인에게 생리적으로 무리라고 알려진 이런 생활을 강요하는가? 이것을 일본형 복지라고 했을 때, 일본형이란 구빈적(救貧的) 복지형[12]을 뜻하는 셈이다.

．．．．．．．．．．．．．．．．．．．．．．．．
12 _ 역주 ― 현대의 사회복지는 '구빈' 곧 빈곤구제를 훨씬 뛰어넘는다. 구빈 중심의 복지는 19세

도르트문트의 슈타이너방식[13] 노인홈도, 본의 시립홈도, 서베를린의 홈도, 개실은 침실, 거실, 욕실, 부엌, 현관으로 이루어져 있으며, 일본식으로 말하자면 맨션[14]이다. 매점도 있고, 마을과도 가까워서 스스로 밥을 해먹는 사람은 자기 집 부엌에서 밥을 한다. 복도에는 두세 명이 함께 차를 마실 수 있는 곳도 있고, 친구와 가족이 찾아왔을 때 함께 식사할 수 있는 작은 식당도 있다. 홈의 사람들이 모여서 생일잔치와 크리스마스에 식사를 하는 대식당, 길에 면한 곳에는 마을 사람들과 함께 식사하는 식당만도 몇 개나 되며 다양하다.

어느 홈에도 식당 외에 공예실, 기도실, 도서실, 담화실, 체육실, 음악실, 그리고 작은 홀이 딸려 있지만, 이런 방들은 마을 사람과 함께 사용하며, 자원활동가들만이 아니라 중·고등학생과 마을사람들이 함께 공예실에서 직물을 짜거나 염색하거나 그림을 그릴 수 있다. 특히 슈타이너방식의 홈에서는 매점에서 유기농야채와 무첨가식품을 팔며, 식당에서도 이런 재료를 사용하므로 마을 사람들에게도 인기가 있고, 점심

기에 머문 것이다. 현대의 사회복지는 모든 사회성원에게 인간다운 삶을 보장하여 사회를 약육강식의 경쟁으로부터 보호하고 인간다운 사회의 발전을 추구하기 위한 가장 핵심적인 사회투자이다.

13 _ 독일의 철학자이며 교육자인 루돌프 슈타이너(1861~1925)는 1919년 슈투트가르트에서 아이들의 자주성을 존중하는 자유학교를 열었다. 그 뒤 이러한 슈타이너방식 학교가 세계 각지에서 잇달아 나타났다. 슈타이너방식 노인홈은 슈타이너의 철학에 뿌리를 두고 그의 철학을 실천하는 사람들이 운영하는 것으로 여기에서 일하는 사람들의 다수는 슈타이너방식 학교의 졸업생이다.

14 _ 역주 — 본래 맨션(mansion)은 저택을 뜻하지만, 일본과 한국에서는 중산층 아파트를 뜻하는 것으로 변질되었다. 일본에서는 욕실과 부엌을 갖춘 아파트를 가리키는 '일반명사'로 한층 더 변질되었다.

시간에는 노인홈 식당 앞에 11시쯤부터 사람들이 늘어선다. 홀에서는 학교의 학생과 마을의 예술가들이 연극을 하거나, 음악을 연주하며, 홈의 노인들도 합창을 즐긴다. 도예와 체육 선생들도 출입해서 일본의 시민센터 같은 활기가 있다.

어떤 홈에서도 입주자의 절반은 공적 비용을 원조받고 있다. 다른 절반의 사람들은 연금으로 이용요금을 내고 있다. 일본처럼 가난한 노인은 공공비용노인홈의 4인실에서 지내고, 돈이 많은 사람은 호화로운 (그러나 안내서에 쓰여 있는 대로 의사가 없거나, 도산하거나, 입주조건이 바뀌어서 안심할 수 없다) 홈에 사는 식으로 확연히 구분되지 않는다. 홈 근무자도 충분히 많아서 간호사와 도우미, 간호대학에 입학하고자 하는 젊은 여성들이 있었다. 서독에서는 군복무를 하고 싶지 않은 청년은 병역 대신에 유급으로 복지시설에서 근무하면 병역이 면제된다. 노인홈의 식사를 그대로 재택노인에게 급식 서비스하는 곳도 있다.

노인홈 외에도 공립케어노인주택이 있으며, 여기에서는 맨션에 늘 간호사와 도우미가 대기하고 있고, 노인들이 물건을 사거나 청소하는 것을 돕는다.

빈틈없는 재택간호와 가정 도우미

재택노인은 집과 데이케어센터 사이를 전용버스로 오간다. 데이케어센터에는 식사, 스포츠, 재활, 상담, 마사지, 그림과 음악과 공예를 하는 방들, 수영장, 도서실과 공부하는 모임방도 있었다. 단기체류실에는 가족이 여름휴가를 즐길 때 등 한 달까지 노인을 맡길 수 있다. 정신장애자와 치매노인도 맡으며, 물론 모두 개실이다. 치매노인과 정신장애인의 방은 약간 유치원같이 집오리와 사과 같은 표시가 방문에 그려져 있고, 그 표시로 자신의 방과 물건을 구분한다고 한다. 방도 병실풍으로 되어 있다.

이 데이케어센터에는 바이체커 대통령이 한 다음과 같은 말이 기록되어 있었다.

많은 노인들이 고독을 느낍니다. 그러나 만일 그들이 마음이 맞는 사람들이나 같은 문제를 가진 사람들과 만나고, 이야기를 하고, 도움을 주고받을 수 있는 장소가 있다면, 고독을 멀리 할 수도 있습니다. 이 건물은 노시민들이 활력있고 가치있는 생활을 할 수 있도록 돕는 장소를 제공하기 위해 만들어졌습니다. 여기에서는 그들의 사회적 · 문화적 생활의 핵심이 될 계획을 세웁니다. 그것은 어려운 재건의 시대에 오늘날의 베를린을 만들고, 그에 따라 우리가 누리고 있는 자유를 실현해준 노시민들에 대한 감사의 표시입니다.

또한 '센터 이용안내'에는 '이 센터는 경제적 이유로 이용할 수 없는 사람이 없어야 합니다'라고 쓰여 있다.

나는 재택간호에도 따라가서 간호와 가정 도우미의 일을 도와봤지만, 재택간호 비용은 국가, 지방자치단체, 사회보험이 내며, 의사의 증명이 있으면 매일이라도 간호사와 가정 도우미가 방문간호를 해준다. 간호는 조치알 스타치온이라는 복지서비스를 하는 거점이 여기저기 있고, 적십자, 교회, 노동조합, 시 등이 그 거점을 받아 가지고 있다.

나는 적십자의 일을 도왔는데, 간호사는 자가용을 운전하면서 여러 집을 돈다. 자동차 비용 및 간호의 시급(한 시간에 3천 6백 엔)이 이 간호사의 소득이다. 각 집에는 진료카드가 비치되어 있고, 매일 여기에 몸 상태를 기입하며, 장소에 따라서는 의사가 방문하거나 병원에 입원시킨다. 간호사는 몸 상태를 묻고, 붕대를 감아주고, 혈압측정, 마사지, 재활, 산책 돕기, 머리 감기, 목욕, 약 먹기, 식사에 대한 조언 등 다양한 간호활동을 한다. 항생제를 먹을 때는 여섯 시간마다 방문해서 약을 먹이고 몸의 변화를 관찰한다.

가정 도우미는 목욕과 옷입기, 배변 돕기, 휠체어를 타고 바깥바람 쐬기, 설겆이, 청소, 세탁, 물건 사기, 산책 돕기, 쓰레기 버리기, 급식차로 가져온 음식을 따뜻하게 해서 식사 상대를 하는 것 등 성실하게 가사를 돕고, 인간관계가 끊어지지 않도록 함께 이야기하는 시간도 충분히 가진다고 한다. 가정 도우미의 시급은 1천 5백 엔이며 교통비는 따로 지급된다. 이 방문간호는 빈부의 차이 없이 이루어지며, 여름휴가에 가족이 집을 떠날 때만 신청할 수 있는 가정 도우미도 있었다.

이 가정들을 방문해 주택의 수준을 보고 놀랐다. 교사, 재봉사, 철도원이나 노동자 등 예전에 정말 다양한 분야에서 일을 했지만, 모두 최소한 침실, 거실, 부엌, 욕실, 작업실 등이 완비되고, 튼튼하고 좋은 가구가 있었다. 대학교수나 의사가 사는 집도 정말로 대저택 수준이다.

재택간호를 위해서는 우선 주택이 높은 수준이어야 한다는 것을 스웨덴의 보건성 사람에게서도 들었지만, 안전하고 휠체어도 사용할 수 있고 개호(介護) 활동을 할 수 있는 주택이 일본에 어느 정도나 있겠는가? 노인의 목욕과 머리 감기를 돕기 위해서도, 재활을 하기 위해서도, 우선 좋은 주택이 필요하다.

서독과 스웨덴에서는 노인주택의 화장실이 24시간 동안 물이 흐르지 않으면 구급기관에 통보되고, 응급사태 때 구급요원이 서둘러 달려가는 시스템으로 되어 있다. 노인이 전화 수화기를 내려놓은 채 3분 이상 말이 없는 경우도 마찬가지다. 넘어졌을 때는 천장의 인터폰을 향해 소리를 내면 되고, 또는 소리를 낼 수 없을 때는 천장에서 아래로 늘어져 있는 끈을 당겨도 좋다. 이렇듯 여러 장치가 고안되어 있다. 노인의 자립과 프라이버시를 위해 만일의 경우에도 충분히 배려하고 있다.

일본에서는 저소득자 중 극히 일부에 대해 1주에 1회 정도 도우미가 방문하지만, 스스로 생활할 수 없는 일반 노인에 대한 방문간호제도는 없어서 사적인 유료 도우미에 의지하지 않으면 안 된다. 그래서 노인이 이미 사망한 채 발견되는 경우가 아직도 많다.

혹은 간호에 지친 가족의 모습을 보고 자살하는 노인과, 노부부 중 한 쪽이 병든 배우자의 목을 조르고 자신도 따라 자살하기도 한다. 사가미하라(相模原)시에 사는 노인부부 중 남편이 죽자 넋을 놓은 아내는 남편의 죽음을 받아들이지 않고 죽은 남편의 입에 밥을 가득 넣어 먹이려다가 발견되기도 했다.

어느 나라에나 생각하지 못한 노인의 죽음이 있겠지만, 인생의 최후를 맞을 때 이에 걸맞는 넉넉한 죽음이 되도록 공공기관은 많은 노력을 기울이고 있다. 서독은 아침에 일어나 보면 아파트 등의 현관에 '생활이 어렵거나 병약한 노인을 보면 사회국에 알려주시기 바랍니다'고 쓰인 스티커가 들어와 있곤 한다. 영국에서는 같은 문장의 엽서가 우체국 창구에 놓여 있으므로, 거기에 써서 함에 넣으면 보건국 근무자가 찾아오도록 되어 있다.

세계 각지를 돌아보았고 노인문제를 잘 알고 있는 한난추오(阪南中央)병원 내과장인 오카모토 유조(岡本祐三) 씨는 지역의 방문간호와 의료에도 관여한 경험에서 봤을 때, 지금은 80세를 넘은 남편을 80세 전후의 아내가 간호하거나 또는 60세 전후의 딸이 간호하는 상태여서 가족에게 간호능력을 구하는 것은 불가능하다고 말한다.

자신의 집에서 앓아 눕거나 노인병원에 들어가더라도 간호하는 사람이 충분하지 않으면 '누워 있는 것'이 아니라 '누워 있어야 하는 것'이된다. 그렇게 되면 관절은 굳고 근육은 약해져서 '폐용(廢用)증후군'이생긴다. 일본 노인의료의 간호료는 정액제이므로 간호사를 쓰지 않는만큼 비용을 줄일 수 있어서 좋다. 간호사를 쓰지 않기 위해 신경안정제를 먹이고 손발을 벨트로 묶어서 뒤척이지도 못하도록 한 광경을 일본에서는 흔히 볼 수 있다.

포토 다큐멘터리 〈어머니는 연인?—어느 치매 노인의 얼굴〉의 작가이자 치매에 걸린 어머니를 15년 동안 돌본 기무라 마쓰오(木村松夫)씨는 다음과 같이 탄식한다.

간호실에서는, 애를 상당히 먹었던지, 어머니를 신경안정제로 조용하게 해놓았습니다. 얼빠진 듯 무표정하고, 턱을 떨고, 혀가 입 밖으로 삐져나오고, 침이 흘러나오고 있었습니다. …… 다시 말해서 두 매제는 가정에서어머니를 돌볼 형편이 아니었습니다. 필사적으로 다른 곳을 찾았습니다.

지금 전국에서 치매와 병으로 고생하는 노인은 60만 명이라고 합니다.그런 노인들을 둘러싸고 있는 가족들은 수백만 명을 넘을 것입니다. ……행정시책은 장애노인을 귀찮은 사람으로밖에 여기지 않는 것 같습니다. 장애노인을 안고 있는 가족이 특별양호노인홈에 노인의 입주를 원하거나 공적 원조를 바라는 것은 소용없는 일이라는 사고방식도 아직 강합니다. 아니, 그런 사회적 문제의 해결방법도 모르고, 노인을 집에 가둬둔 채 가족과 함께 불건전한, 캄캄한 암흑의 미래를 응시할 뿐인 상황이 압도적으로 많은 것은 아닐까요?

싸고 수준 높고 개성있는 주택

일본에서는 오늘날까지 국가가 산업보조정책을 중점적으로 실시하는 반면, 주택, 사회자본, 사회보장은 여전히 제대로 하지 않고 있다. 서독에서는 주택투자와 사회자본투자가 60년대 말에 거의 끝났다. 이것이 생활수준을 높이는 데 어느 정도 이바지하는가는 정확히 알려져 있지 않다.

일본과 서독의 임금수준이 같다고 했을 때, 주택을 위해 많은 돈을 지출하지 않으면 안 되는 일본과 주거비가 얼마 들지 않는 서독의 생활수준 사이에는 큰 차이가 있다.

예컨대 학생 아파트(학생은 18세가 되면 원칙적으로 부모 집을 떠나며, 같은 마을에 있어도 독립해서 아파트를 빌린다)라고 해서 1인당 80㎡(약 24평) 정도의 넓이에 부엌, 화장실, 샤워시설이 딸린 방을 한 달에 약 1만 엔 정도에 빌릴 수 있다. 내가 서베를린에 있었을 때 머물렀던 숙소는 녹지대의 1등지에 있었지만, 부엌, 화장실, 샤워가 딸려 있고, 난방비를 포함해서 한 달에 1만 8천 엔이었다. 3년 전 본에서는 1만 3천 엔을 냈다.

언젠가 지멘스에 근무하는 4인 가족의 집을 방문했는데, 지하실에는 탁구실과 식료저장실, 손님용 욕실과 화장실 등이 완비되어 있었고, 가족의 생일 때에는 30명 정도를 초대한다고 했다. 1층은 부엌, 가구, 피아노 등을 둔 넓은 거실이 있고, 2층에는 서재, 아이들 방, 침실, 부부 각자의 방이 있다. 3층은 이른바 수납실로 되어 있다. 그 넓이와 설비의 훌륭함에 놀랐지만, 그것은 보통 직장인의 주택이라고 했다. 이 집은 지하실을 합쳐서 모두 3백㎡(약 90평)라고 했다.

학생과 노동자가 모여 있는 크로이츠베르크의 주택은 이른바 공영주택이 많고, 오래된 주택은 시당국이 개축작업을 진행하고 있었다.

주거와 자신이 사는 마을에 대한 지역주민의 관심은 매우 크며, 시의 개축사업에 대해서도 자신들의 자치적 개축을 주장해서 분쟁이 일어났다. 시는 주민을 잠시 다른 곳으로 이주시키고 옛건물을 부수려고 했지만, 주민들은 돌을 던지며 작업차에 맞섰다. 결국 시가 뜻을 바꿔서 자금을 시가 제공하고 주민들이 자치적으로 이야기를 나눠서 설계도를 그리고 자신들에게 어울리는 주거를 만들었다. 지금도 그 고층주택의 벽에는 돌을 던지며 작업차와 경찰에게 맞서고 있는 공방전을 그린 벽화가 있다.

그런 주택은 중정이 넓고, 각 출입구와 발코니도 공들여 만들었다. 자치적으로 지어졌기 때문에 새로운 건물이 되었어도 임대료는 전혀 변하지 않았다고 한다.

크로이츠베르크에서 자치적으로 개축된 것은 주택만이 아니다. 주거의 연장으로서 마을 만들기도 지역주민이 계획했다. 보육원과 도서관이 마을 중앙에 자리잡고, 터키인이 많은 곳에서는 터키어로도 표시했다. 분수는 초시계 형태로 만들었고, 그 옆에 청년 실업자와 펑키 스타일의 여자가 아래를 보고 걸터앉은 동상이 있다. 무엇을 뜻하는 것일까?

학생들은 집 한 채를 여럿이 빌려서 각자가 방 하나씩을 쓰고, 부엌과 욕실과 화장실을 공용으로 이용하며, 한 가족같이 사는 경우도 있다. 본 게마인샤프트(주거공동체)라고 하며, 한 주에 며칠 정도는 함께 살고 있는 사람 모두가 반드시 모여서 함께 식사한다. 서로 간섭하지 않으며, 그러나 필요에 따라 서로 도우며 살아간다. 여성이라도 집안을 능숙히 개조하는 모습을 보고 많은 것을 느꼈다.

본 게마인샤프트는 노인들과 농민 등이 살아가는 주택도 있다. 노인 홈의 관리를 좋아하지 않고, 자신들의 손으로 생활하면서 서로 돕는 것이 좋다고 그곳에 사는 노인들은 말한다. 5～6명의 노인이 서로 도우며 살고 있고, 가정 도우미와 간호사가 방문간호를 위해 찾아간다.

서독 시민에게 주거는 삶의 기본이며, 인간과 인간의 관계를 만들어 내는 곳이며, 지역사회의 세포이다.

토지 사유권을 엄격히 제한하다

1960년에 연방건축법을 제정한 서독은 토지의 개발이익은 세금으로 국가가 흡수하고 토지의 용도를 엄격하게 제한한 도시계획을 세웠다. 공공기관은 토지에 대한 선매권을 갖고 있으므로 공공복지를 위해 사회투자를 충실히 하는 것이 용이하다.

연방건축법에는 '시장의 상품수급법칙이 토지에는 딱 들어맞지 않는다', '토지에 대한 사유권 제한은 소유권의 부정이 아니며 오히려 소유권의 유지와 창설에 이바지한다', '만일 토지를 시장법칙에 맡기면, 땅값은 올라가며 비싼 토지를 살 수 없는 근로자는 멀리 교외에서 통근해야 한다', 그러나 '도시의 편리를 누리면서, 또한 햇빛과 공기와 녹지의 혜택을 받는 것은 오늘날 어떤 주택도 필요불가결하다' 등의 내용이 성문화되어 있다. 그러한 장기적 전망 위에서 도시계획이 이루어지고, 시민의 주택도 지어진다.

서독 주택의 약 40% 정도는 공공주택투자로 건축되며, 1968년에는 주택부족해소선언이 발표되기도 했다. 또한 1986년에는 국민의 80%가 주택에 만족한다고 답했다. 직장이 가까이 있으며, 계획적으로 건축된 주택과 사람이 살기에 알맞게 정비된 환경은 반영구적인 서독의 재산으로 사람들의 생활을 안정되고 풍요로운 것으로 만들기에 부족하지 않다.

반대로 토지가 일반상품으로 여겨져 수급관계에 따라 정해지고, 나아가 투기의 대상으로 다루어지는 일본에서는 높은 토지가격이 사회자본의 충실을 가로막고, 근로자는 토끼장같이 작은 집에서 만원전차를 타고 오랜 통근시간에 지쳐서 직장에 가게 된다. 노인을 위한 주택도 없다. 사회자본을 정비하려고 해도 용지 매수비로 거의 모든 예산을 다 써야 하기 때문에 일이 진척되지 않는다.

최근의 서독의 주택가격은 기독교민주당 정권 아래서 올랐다고 한다. 그러나 1988~89년 연보에 따르면, 대도시의 평균 주택임대료는 1㎡에 약 6백엔 전후이다(그 설비는 일본보다도 확실히 좋다). 1년간의 상승률은 2%였다.

서독 통계국의 주택지 조사에 따르면, 땅값은 마을마다 도시마다 다르고, 바이에른, 브레멘, 함부르크 등에서 1㎡에 평균 약 1만 엔, 잘란트, 니더작센 등에서 1㎡에 평균 약 6천 엔, 4개국이 공동관리하는 특수 도시인 서베를린이 가장 비싸서 1㎡에 평균 약 3만 8천 엔이었다.

실제로 부동산업소를 통해 살펴보았더니 서베를린 도심에서 전차로 30분 정도 거리에 있는 2층 주택지가 1㎡에 평균 약 3만 7천 엔, 근로자 거리는 2만 8천 엔, 도심까지 20분 걸리는 고급주택지는 4만 3천 엔, 공업용지는 4만 4천 엔이었다(표1 참조).

공시가격으로 해서 도쿄 도심지는 1㎡에 3천만 엔, 나가노(中野)구는 1천만 엔, 네리마(練馬)구는 2백만 엔, 오사카의 도심은 2천만 엔, 시즈오카는 3백만 엔⋯⋯이라는 숫자와 비교해보면, 1백 배나 차이가 나는 셈이다. 여기서는 평균임금의 국제비교는 무의미하다.

4만 개 이상의 자조단체가 활약

이런 모든 생활의 토대를 지탱하는 공적인 정책은 다수의 시민들이 참여하는 '자조단체'에 의해 유지되고 감시되고 만들어진다고 해도 지나

〈표 1〉서베를린의 땅값 (1㎡당)

최고주택지(그뤼네발트 등)	약 8만 엔
고급주택지(도심까지 지하철로 20분, 비르마스도르프 등)	2층 지역 4만 3천 엔 5층 지역 6만 6천 엔
일반주택지(도심까지 지하철로 30~35분, 리히타헤르데 등)	2층 지역 3만 7천 엔 3층 지역 4만 7천 엔
공업용지	4만 4천 엔
노동자주택지(크로이츠베르크 등)	2층 지역 2만 8천 엔 5층 지역 4만 3천 엔

치지 않다.

예컨대 그라베 팬더(회색 팬더)라는 이름의 노인단체가 있다. 연금과 노인홈과 데이케어센터 등을 정부에 꾸준히 요구하고 의회에 대한 로비 활동도 한다. 서로 돕고, 정보를 교환하고, 노인홈과 병원 서비스에 관한 애로사항도 수집하고, 한 달에 한 번 대학식당에 모여서 그라베 팬더 회원들이 모두 함께 식사를 하고, 합창도 하고, 이야기도 나누고, 시위에 나가기도 하는 아주 활발한 단체이다.

일본에서는 자조라고 하면 누구에게도 의지하지 않고 자신이 생활을 책임지는 것으로 이해되지만, 서독에서는 그라베 팬더와 같은 시민모임을 자조단체라고 한다. 공적 보조금을 받지만 운영과 활동은 자신들이 한다(그쪽이 서로 정말로 무엇이 필요한가 잘 알 수 있으므로)는 것이 자조였다. 즉 자조란 공적 권력에 대항해서 시민이 서로 도운 역사에서 만들어졌으며, 자신들이 낸 세금은 당연히 돌려받는다는 의식을 가지고 있다.

이러한 자조단체는 베를린자유대학의 사회학과 교수가 파악한 것만도 4만 개가 넘으며, 여성, 청소년, 노인, 교육, 외국인 차별, 장애자, 주택, 건강, 실업자, 환경 등의 단체가 공적 보조금을 받아서 활동하고 있다. 그것이 민주주의의 불가결한 기둥이라는 현실에서 민주주의의 실체를 본 듯한 느낌이 들었다. 그리고 일본의 민주주의사회가 공동화(空洞化)하고 있는 이유도 잘 알 수 있었다.

그밖에 시민들이 모금해 건물을 사서 문화학습활동을 하는, 이른바 콤(KOM)이 서베를린에도 있다. 이곳은 메링호프로 불리는데, 여기에는 대학입학자격을 얻을 수 있는 강좌가 있는 등, 다양한 학습시간으로 구성되어 있으며, 대학생도, 고등학교를 졸업하지 못한 젊은이도, 주부와 노동자들도 모인다. 연극과 영화를 볼 수 있는 강당도 있고, 진료소, 도서관, 출판활동, 식당, 제3세계의 생산물 판매 등 활발한 자조활동을 하고 있다.

시가 주최하는 시민대학도 성행하며, 지하철역에는 강좌안내가 붙어 있다. 일본어 강좌도 있었다. 이런 강의가 끝나면 공부한 내용을 몸에 익히기 위해 강사와 현지 여행도 한다.

불안하지 않은 노인들의 생활

노인에 대한 케어로 이야기를 돌리면, 맹인 노인들을 동물원에 데리고 가서 동물을 안아보게 하고, 호수의 배여행과 하이킹, 버스여행 등을 하거나, 크리스마스에는 일류 음악가를 초청해서 노인홈에서도 시민회관에서도 바이올린과 피아노 연주회를 열고, 춤과 오페라 공연을 여는 등 노인을 위해 아주 다채로운 행사가 열린다. 특히 홈의 노인에게는 산타클로스가 찾아와서 풍성한 저녁식사 자리에서 한 사람 한 사람에게 선물을 건네고, 어깨를 두드려주고 힘을 불어넣어준다.

버스여행에는 노인홈에서도 자유롭게 노인들이 참가할 수 있다. 여든이 넘은 할머니도 참가해서, 도중에 심장마비를 일으키는 것은 아닌가 하고 걱정했지만, 그런 일이 있어도 운전기사가 도로에 서 있는 기둥의 구급버튼을 누르면 구급차가 달려와서 시립 구급병원으로 옮겨가며, 그곳에서 죽으면 지하 영안실에 3일간 안치해서 가족과 친구의 영결을 기다리며, 그런 뒤에 교회의 묘지에 묻히므로 걱정하지 않아도 된다.

배여행을 할 때 갑판에서 아코디언을 가진 악사가 반주해서 노인들이 그리운 독일의 옛민요를 함께 불렀다. 노랫소리가 호수 위에 울려퍼지자, 나는 어쩐지 눈물이 났다. 옆에는 원래 간호사였던 사람이 앉아 있었는데, 약 8만 엔의 연금을 받고 있지만 넓은 주택의 방 하나를 아는 사람에게 빌려주고 있고, 그밖에 사회보장 서비스를 받고 있어서 연금은 남는다고 말했다. 건강을 위해 친구와 춤 강좌에 참가했지만, 차차 움직이기 어렵게 되면 지역의 홈에 들어가서 목사님을 자주 만나며 죽음을 준비할 거라고 오히려 즐겁게 말했다.

기독교민주당 정권이 되어 사회보장 서비스가 줄어들고 자기부담도 커지는 경향이지만, 비싼 임대료와 의료보험에 항의해서 1988년 11월부터 다시 대학분쟁이 일어나고, 시민도 거기에 호응해서 서베를린에서는 기독교민주당 대신에 새롭게 독일사회민주당(SPD)과 녹색당의 연립정권이 들어섰다.

싼 교통비 __ 사회적 공공자본의 위력

일본과 비교할 수 없는 사회적 공공자본의 위력을 느낀 것은 싼 교통비였다. 시내교통은 편도 110엔짜리 표로 지하철, 시내전차, 시내버스 등 어느 것이나 연결해 타서 목적지까지 갈 수 있다. 교통비를 신경쓰지 않고 자유롭게 이동하는 것이 생활의 안정과 평등에 얼마나 크게 이바지하는가?

노인과 학생과 장애자에게는 반액표 또는 무료표가 주어진다. 나는 국철역에서 노부인과 중년 남자(아마도 아들)가 서로 꼭 끌어안고 있는 커다란 포스터에 '반액표는 멀리 있는 사람들을 가깝게 해 줍니다'라고 쓰여 있는 문구를 보고 감동했다. 국철을 민영분할하고 국철용지를 판매하여 땅값을 급등시킨 일본. 이제 1천 엔 정도는 하루 교통비로 날아가 버린다.

본에서 머물 때, 새벽 2시쯤에 시영버스가 세 명 정도의 승객을 태우고 달리는 것을 보았다. 얼마 안 되는 야근 회사원들을 위해서 공영교통은 늦은 밤에도 달리고 있다. 9시가 넘으면 사라져버리는 버스 때문에 택시 승강장에 길게 늘어서 있는 일본인. 전차에서 내리면 택시를 서로 타기 위해 남에게 뒤질세라 모두 계단을 뛰어 오르내린다. 프라이부르크에서는 환경표라는 회수권을 싸게 팔고 있으며, 되도록 자가용을 타지 않고 공공교통을 이용하도록 계획했다. 도르트문트에는 한밤중에도 전등을 밝히고 흰옷을 입은 의사가 구급환자를 위해 심야대기하고 있는 역이 있었다. 작은 파출소 같은 느낌이었는데, 유리를 통해 보이는 흰옷을 입은 의사의 모습은 시민에게 안도감을 주었다.

돈 많은 가난한 나라 __ 서독에서 본 일본

서독의 노동시간은 제조업에서 일본보다 약 5백 시간 짧다고 일반적으로 말하지만, 앞으로도 연간 1천 5백 시간 노동에서 1천 4백 시간 노동으로 줄이려 하고 있다. 참고로 일본은 연간 2, 150시간을 일한다.

서독의 노동자가 노동시간 단축운동을 벌였을 때 내걸었던 구호들 중 하나는 '우리에게 단란한 가정을 꾸리고 지역사회와 정치에 참가할 시간을 달라'였다. 근로자는 20분에서 30분 정도면 집에 돌아갈 수 있으므로 하루에 노동과 문화생활과 단란한 가족생활, 이 세 가지를 병행할 수 있는 여유가 생긴다.

나는 서독에 있을 때, 매일 통근할 때나, 여행할 때도, 공공교통시설에서 앉지 못한 적이 1년에 두세 번밖에 없었다.

근로자 주택은 도심에서도 건물의 중정에, 밖에서는 볼 수 없지만, 충분히 건축되어 있으며, 치요다(千代田)구같이 밤에는 텅 비어서 사람이 사라지는 곳이 아니다. 학생들도 그런 곳에서 7천 엔이나 8천 엔의 임대료로 살고 있다. 사람이 살지 않는 마을은 황량해지고 정취가 없어진다.

서독의 인구밀도는 일본의 70% 밖에 되지 않는다. 그러나 일극집중[15]을 허용하지 않는 국토이용계획과 도시계획의 정교함 때문에 서독에서 살면 인구밀도가 일본의 1/3 정도로 느껴진다. 그 결과로 땅값이 안정되니 사람들의 생활비가 낮아지고, 젊은이들에게 많은 가능성을 제공하며, 좋은 환경을 만들 수 있게 된다. 그 반대로 일본에서는 토끼장 같은 작은 집을 위해 근로자가 평생 얼마나 많은 땀을 흘려야 하는가?[16]

《프랑크푸르터 룬트샤우》라는 서독 신문은 내가 서독을 떠나기 얼마

---

15 _ 역주 ─ 도쿄를 중심에 둔 수도권에 3천만 명이 넘는 사람들이 모여 살고 있는 것을 가리켜 '일극집중', 곧 한 곳에 인구가 집중되어 있다고 부른다. 한국은 일본보다 훨씬 더 극심한 일극집중국가이다. 2003년 현재, 일본 국토의 넓이는 37만 7,873㎢에, 인구는 1억 2,754만 6천 명으로 인구밀도는 337.5명/㎢이다. 이에 비해 2005년 현재, 한국의 면적은 9만 9538㎢에 인구는 4,842만 2천 명으로 인구밀도는 490.2명/㎢이다. 한국의 인구밀도가 일본보다 훨씬 높은데, 서울과 수도권의 인구밀도는 더욱 그렇다. 일본은 수도권에 전체 인구의 1/4 정도가 살고 있지만, 한국은 서울에만 전체 인구의 1/4 정도가 살고 있고, 수도권에는 전체 인구의 1/2 정도가 살고 있다. 한국은 세계 최악의 일극집중국가이다.

16 _ 역주 ─ 한국은 대다수 근로자가 일생에 걸쳐 헤아릴 수 없이 많은 땀을 흘려도 서울에서 집을 한 채 장만할 수 없는 나라가 되었다. 경제성장을 내걸고 투기꾼과 건설업 중심의 주택정책을 펼친 결과이다. 근로자가 집을 장만하기 위해서는 많건 적건 '투기'를 하지 않을 수 없다. 한국은 계층과 직업의 차이를 떠나서 다수의 국민이 투기에 관여하고 있는 '투기공화국'이다. 투기꾼과 건설업에 의해 좌지우지되는 '투기공화국'의 미래는 위태롭기만 하다.

전인 1987년 1월 17일에 〈돈 많은 일본 — 가난한 일본〉이라는 제목으로 한 면을 할애해 일본을 소개했다. 요약하면 다음과 같다.

일본은 메이지 이래 대기업이 소유하는 부와 국민생활의 단절이 큰 나라이며, 그것이 많은 문제를 만들어냈지만, 제1차 세계대전 후에도 기업활동과 국민의 삶의 질은 함께 나아지지 않았고, 전전과 비교해서 그 둘 사이의 거리는 그저 명색으로만 가까워졌을 뿐이었다. 높은 땅값과 주택, 교육비, 불충분한 사회보장과 생활불안. 그 때문에 국민은 저축과 재테크를 열심히 하지 않으면 안 되고, 대도시는 가족이 사는 곳이 아니고, 중매인에게 내쫓기고, 임금의 구매력은 낮고, 일요일 이외에 전노동을 투입하는 것에 비해 실제로 받는 소득은 적다. 중소기업 노동자, 파트타임 주부, 실업자, 일본에서 살고 있는 한국인, 교통사고 유가족들은 경제대국의 환상과는 동떨어진 삶을 살고 있다. 일본이 그 부를 투자에만 사용하는 한, 인간다운 생활을 하는 만족감과 안정도 장래의 번영도 이룰 수 없을 것이다. 그것을 '일본 신드롬'이라고 부른다.

다른 나라를 아는 것은 자기 나라를 아는 것

나는 여기서 일독비교론을 전개할 생각은 없다. 일면적인 독일관으로 객관성을 잃고 싶지도 않다. 하지만 괴테의 말을 빌리자면, 다른 나라를 아는 것은 자기 나라를 아는 것이다.

이 장에서 한 이야기가 나만의 주관적인 견해라는 것을 알고 있으므로, 세 명의 일본 기업가가 서독에 관해 나눈 얘기를 기록한 《주소(住商)뉴스》 1987년 5월 호 기사를 간단히 소개하겠다. 세 사람은 메르세

데스 벤츠 일본의 재무경리부장 미야 요시히로(宮禎宏), 니혼전기 제1 해외전자디바이스부장 마에다 다케시(前田剛), 스미토모상사 외환부장 미야자키 히로(宮崎裕)이다. 해외경험도 길고, 몇 년 동안 독일에서 활동하는 경제인들이 모여서 서독과 일본의 커다란 차이에 관해 말한다.

그 차이는 요약하자면, "서독은 주택, 도로, 그 밖의 하부구조를 자본을 축적한다는 생각으로 몇 세대 앞까지 생각해서 균형있게 만들었다. 서독 인구는 일본의 1/2, 노동자 인구는 1/3인데도 그 수출력은 최고이며, 수출력의 70%를 담당하는 것은 중소기업이다. 중소기업은 대기업의 하청이 아니라 독립해서 평등하게 강한 수출력을 가지고, 뛰어난 기술로 경제를 맡고 있다. 노동시간도 대기업과 같이 일본보다 연간 5백 시간 이상 짧고, 유급휴가는 실제로 4~6주에 이르는데도 수출력과 경제력은 강하다. 일본의 경우는 어떤 희생이라도 치르고 수출에 특화했으나, 서독은 수출에 특화하면서도 더욱 여유가 있어서 삶에서 심리적 불안은 아주 적다"는 것이다.

"실제로 여러 나라에서 생활해보고 우리의 생활이 서독인들의 수준만큼 행복한가 생각해보면, 그들의 생활이 확실히 충실감이 있어서 행복하지 않은가 하고 생각합니다."(미야)

"아름다운 거리 모습, 쾌적한 주거, 그리고 풍부한 문화유산과 충분한 사회시설이 있습니다. 이런 생활환경과 시간적 여유는 그들이 자신의 철학에 기반을 둔 여러 정책을 오랜 시간 실행한 결과로 만들어진 것입니다." (미야자키)

"일본에서는 아직도 우리가 30~40년 일해도 자신이 살 집 한 채도 확실하게 손에 넣을 수 없습니다. 더욱이 퇴직 후 또 한번 직장을 찾지 못하면 먹고 살 수 없는 상황입니다. 이것은 선진국으로서 비정상적인 상황입니다. 아마도 그런 것이 서독에서 현실로 나타나면, 곧 정권교체가 이루어지겠죠. 아무튼 인플레율이 5%를 넘으면 연방은행총재는 반드시 경질되는 나라니까요."(미야)

"서독에서는 '풍요로운 국민은 국가의 재산'이라는 입장에서 개인의 주택과 재산형성을 중요하게 여깁니다. 30만 마르크의 집을 팔면 최초 8년 동안 10만 마르크의 소득공제를 해줍니다. 서독 국민이 모두 동의하는 '풍요로운 국민의 나라의 재산', '공익우선주의', '안정성장과 국제협조주의', '사회적 시장원리의 관철'. 이런 철학에 따른 정책들을 장기에 걸쳐 실행하는 것 등은 일본인이 배워야 할 점이 아닐까요?"(미야자키)

서독에서 돌아와서 나는 일본의 풍요와 빈곤에 관해 다시 한 번 생각해보았다. 그것에 관해 이어지는 장들에서 계속 이야기하고자 한다.

3장

풍요에 대한 의문

일본의 '풍요'에 대한 의문

경제대국 일본의 '풍요'에 대해 일상생활에서 의문을 품고 있던 나는 일본과는 다른 자본주의국가의 '풍요'를 접하고 다시 일본의 '특이한 풍요'를 생각하게 되었다.

일본을 여기까지 이끌어 왔다고 자부하는 정치가와 기업인은 우리가 일본의 풍요에 대해 의문을 말하면, 항상 '그것은 개인의 마음에 달린 문제'라고 반론한다. 그렇게 말해서 끝내버리면, 그것은 개인의 책임이 되며, 사회문제로는 한 걸음도 앞으로 나아가지 못한다. 한 사람 한 사람의 자발성을 중요하게 여기면서 함께 살아가는 관계를 만들고자 하는 풍요로운 사회가 물건과 돈으로 봉쇄된다.

'강자만의 풍요'가 아니라 저마다 풍요롭게 살기 위해서는 사회보장제도와 사회자본을 충실하게 하고 환경을 지키지 않으면 안 된다. 그러나 일본 정재계의 지도자들은 물건과 돈의 풍요밖에 믿지 않으며, '선진국병에 걸리면 나라가 망한다'고 말한다. 그리고 일본보다 조금이라도 경제성장률이 낮고, 국민소득이 낮은 나라를 내심 바보로 만든다.

이전에 모리시마 미치오(森嶋通夫) 씨는 그의 저서『영국과 일본』[17]에서 이렇게 썼다.

> 자본주의국가에서는 분배방식의 변경을 좋아하지 않기 때문에 국민의 물질적 행복을 늘리기 위해서는 순생산물의 총액을 늘리지 않으면 안 된다. 그것과 달리 복지국가에서는 국민의 행복을 늘리기 위해 순생산물을 어떻게 분배해야 하는가를 생각하기 때문에 순생산물이 늘어나지 않아도 분배방식을 개량해서 행복을 증진할 수 있다. 복지국가에서 경제성장률이 낮은 것은 괴롭기는 하지만 치명적이지는 않다. 복지국가의 성적은 그 자신의 척도로 평가되어야 하며, 고전적 자본주의를 보는 눈으로 채점해서는 안 된다.

돈으로 표시되는 경제가치만을 풍요라고 생각할 것인가, 노인과 장애인, 자연환경을 포함해서 모든 사람들이 생활의 복지를 함께 실현하고자 하는 상태를 풍요라고 할 것인가. 거기에는 풍요에 대한 사고방식에 커다란 차이가 있다.

'풍요'란 무엇일까 __ 여성들의 실감나는 생활

기업전사인 남자들이 모두 정재계에서 찾는 풍요로움에 빨려들어가고

---

17 _『英國と日本』, 岩波新書, 1977

있는 것에 비하면, 생활을 통채로 떠맡은 채 노인과 아이들을 상대하고
있는 여성들은 경제대국 일본의 생활에 실감나는 풍요가 없는 것을 본
능적으로 날카롭게 느끼고 있다.

《미세스》 1988년 2월 호에서 주부 독자 1백 명의 목소리를 모아서
"'풍요'란 무엇일까"라는 특집을 만들었다.

"토끼장처럼 작은 집에서 살며, 만원전차에 장시간 시달리며 출퇴근
하고, 밤늦게까지 일하는 일본인. 풍요한 생활이란 어떤 삶을 말할까?
'풍요'를 기관의 통계와 숫자가 아니라 주부 한 사람 한 사람의 목소리
로, 부엌의 눈으로, 생생하고 구체적인 생활현실에서 파악한다면 어떨
까?"라는 취지를 내건 그 특집은 주부들의 목소리를 다음과 같이 소개
하고 있다.

"좋은 공기와 풍부한 자연. 가까운 곳에는 도서관과 어린이집이 있고,
주부도 안심하고 취직할 수 있다. 수험전쟁도 없고, 아이들은 자유롭게 배
우고 논다. 노후는 연금으로 한가하게 생활한다. 혼자 살게 되어도 복지서
비스를 쉽게 이용할 수 있어서 안심이다."

이어서 '당신에게 풍요로운 삶이란?'이라는 질문에 대해 주부들은 이렇
게 답했다.

"햇볕이 잘 드는 집에 살며, 가족이 모두 모여 저녁을 먹고, 일요일에는
가까운 공원과 교외에서 운동을 하며 땀을 흘린다. 해마다 한번 정도는 가
족끼리 휴가를 즐긴다."

"보통 직장인도 한 시간 정도의 통근거리에 괜찮은 집을 가질 수 있다."

"아이들이 집에서 텔레비전과 전자오락으로 혼자 노는 것이 아니라 밖에

서 건강하게 뛰어놀 수 있는 사회."

"평화로운 것, 노후가 불안하지 않은 것."

"조금 불편해도 공해, 농약, 식품첨가제가 없는 생활."

"공해를 없애고 녹지를 늘린다. 아이들을 학원에서 해방시키고, 성실히 일하는 사람에게 집을 줄 수 있는 나라."

"법이 잘 지켜지고 아이들이 건강하게 살 수 있는 나라." 등등

"자유로운 시간."(이 답은 압도적으로 많았다.)

"유급휴가."

"장래의 생활에 대한 불안을 없애야 오늘의 생활에 여유가 생긴다."

"성실히 일한 사람들, 노후를 걱정하지 않고도 세상을 마감할 수 있는 제도."

"사립학교의 수업료 보조."

"근무시간에 맞는 수입." 등

이어서 "일본 풍요의 상징은?"이라는 질문에 대해.

"해외 부동산 구입."

"고흐의 〈해바라기〉 구입."

"40그램 정도에 5만 엔도 넘는 화장크림."

"성인식의 후리소데.[18]"

---

18 _ 역주 ─ 겨드랑 밑을 꿰매지 않은 긴 소매의 기모노. 기모노 가운데 가장 화려한 것으로, 성인식, 사은회, 결혼식 등에 입는 미혼 여성의 제1예복. 에도시대까지는 남녀가 모두 후리소데를 입었으나, 현재는 미혼 여성들만 입는다.

"커다란 쓰레기장."

"아이들의 시험과 진학에 드는 부모의 열의와 돈과 시간."

"부동산 광고에 억단위의 숫자가 늘어서는 것."

"차기 주력 전투기를 몇 대나 사려고 하는 것."

"상품의 과잉포장."

"이시하라 유지로(石原裕次郎, 일본 배우이자 가수)의 고별식." 등

끝으로 "일본의 가난을 상징하는 것은?"에 대해.

"획일화되고 개성 없는 교육."

"적은 국민연금."

"높은 세금, 주입식 교육."

"길가에서 골프 연습에 열중하는 아버지. 러시아워에 부대끼는 아버지. 단신부임하는 아버지. 가라오케에서 초라하게 스트레스를 해소하는 아버지."

"농약투성이 야채, 약투성이 고기, 가공식품."

"부엌 창에서 옆집 화장실 창이 바로 눈앞에 보이는 집."

"주택대출의 파산 급증."

"사채업자의 고금리금융 광고, 간판이 크게 늘어난 것."

"인구당 적은 공원면적."

"병자를 밀어넣고 밀어넣는 노인병원."

"많은 돈을 내지 않는 한 들어갈 수 없는 노인홈."

"특별양호노인홈 입주희망자의 순번대기."

"연수입이 8백만 엔이어도 집을 살 수 없다."

"긴자 세존극장, 롯본기 시네 비반의 화장실. GNP에 직접 연결되지 않

는 것은 소홀히 하고 있다."

"오늘의 일본의 풍요는 일단 사회적 약자가 되면 그저 환상이 되고 만다. 약자로서 생활하더라도 거의 스스로 대처하는 수밖에 없는 현실에서는 '오늘'을 절약해서 만일에 대비할 수 있는 부담을 키우느라 사람들은 괴로워하고 있다."

주부들의 실감나는 생활은 일본 풍요의 본질을 잘 말해주고 있다.

고등학생들의 의문과 불안

주부만이 아니다. 잡지《세카이(世界)》1986년 12월 호에 실린 내 짧은 글〈참된 풍요란〉을 읽은 고등학생들이 다음과 같은 감상문을 보내왔다.

"일본은 선진국이라고 해도 참된 풍요를 누리지 못하는 경제경쟁국일 뿐입니다. 그 경제전쟁 속에 우리도 아무튼 들어가지 않으면 안 된다는 것은 헛된 일이 아닌가요?"

"현재 우리가 받고 있는 교육 현실을 보면 방과후에 좋아하는 것도 할 수 없고, 내주는 숙제를 하고, 교사와 거의 아무런 교류도 없고, 수업은 교과서에 쓰여 있는 것을 그대로 설명하는 것이 많고, 없어도 좋은 교칙도 있고, 지나친 간섭으로 개성을 짓눌러버리고, 자신의 주장을 가질 수 없고, 수험전쟁으로 친구들과의 우정을 느끼지 못하고, 책도 읽지 못하고, 자신이 무엇을 원하는지도 모르고, 무미건조한 시절을 보내고 있다는 느낌이 듭니다."

"일본에서는 아이일 때부터 주변 어른들이 학력이 모든 것인양 말하는 것을 듣고 자라기 때문에 개성을 발휘할 길이 없습니다. 개인의 마음이라는 것이 사회의 영향을 크게 받으므로, 결국 사회가 잘 되지 않으면, 진짜 마음이 풍요로운 사람은 살 수 없습니다."

"순위를 매기는 식으로밖에 사물을 보지 못하는 것은 인간적으로 빈곤한 것이라고 생각합니다."

"일본에서는 조금이라도 좋은 대학과 회사에 들어가서 출세하는 것을 목표로 하기 때문에 개인을 일렬로 줄세우고, 하나의 자로 우열을 재고, 다른 사람을 존중하지 않습니다. 존중하고 싶어하지 않는 것입니다. 경쟁 이외에 사물에 대한 적극적인 관심과 행동 등은 거의 없습니다. 세계 제1의 소득을 거두었다. 높은 생활수준이다라는 말로 속이고 있을 뿐입니다."

"'튀어나온 못은 때려라' 라는 말대로 뛰어난 생각을 하는 사람도 평균화해버려서, 재능을 발휘하지 못한 채 일생을 마칩니다. 본보기가 되어야 할 어른이 그렇고, 그 어른이 아이를 가르치고 있으므로 결과는 불을 보듯 뻔합니다."

"일본인은 '자신만 풍요로워진다면, 자신만 건강하다면' 이라는 생각이 머릿속에 박혀 있습니다. 이 생각은 기업 경제전쟁의 약육강식 사상에서 온 것 같습니다. 긴 노동시간 등은 회사 상부의 사람이 자신의 형편만 생각하는 데서 일어난 문제라고 생각하며, 자신의 생각을 하지 못하게 하는 관리교육과 관련이 크다고 생각합니다."

"고도경제성장으로 나무를 잘라내고, 공장을 지어서 자연을 파괴해온 일본이지만, 이쯤에서 성장은 멈춰야 하지 않을까요? 그 대신에 풍요로운 자연과 풍요로운 생활과 풍요로운 마음으로 바뀌었으면 좋겠습니다. 그렇지만 그것을 만들 수 있는 주인공은 교육을 받은 오늘의 아이들은 아닌 것 같습니다. 아이 때부터 자유롭게 풍요로운 생각을 하고 풍요로운 자연 속에서 자란 아이가 아니라면 힘들겠지요."

"풍요란, 일에 지쳐서 토끼장 같은 작은 집으로 돌아와서 인스턴트 식품을 먹고 자는 건 아닐 겁니다. 왜 일본인은 그렇게 일할까요? 노후가 불안하다고 생각하기 때문이 아닐까요?"

"젊어서 열심히 일하며 시간을 보내서 자신의 몸이 어떻게 되는지도 모르는 것은 너무 심하다고 생각합니다."

"혼자 살다가 쓸쓸하게 누구의 눈에도 띄지 않고 죽는 노인들이 늘어나고 있다고 합니다. 가족에게 폐를 끼치지 않으려고 가족을 떠나서 혼자 숨을 거두는 것입니다. 사람으로서 있어서는 안 될 이런 결말은 비참합니다."

"일본은 오늘의 어른들이 여기까지 발전시켜온 것이므로 별로 비판하고 싶지 않습니다. 그러나 또한 일본은 이만큼 돈이 많은 나라가 되었으므로, 그것이 국민에게 환원되지 않는다면, '나라'라는 존재는 헛된 것이 만다는 느낌이 듭니다."

"자신의 체험을 가지지 못했던 저는 다른 대다수 사람들과 마찬가지로 일본은 세계 제1의 나라, 풍요로운 나라라고 생각합니다. 그러나 그것은 '억지로 굳게 믿도록 하는 것'은 아닌가 하는 느낌이 들었습니다. 표면적인 것만을 기사화하고, 정부가 알리지 않으려 하는 진상을 쓰지 않는 신문의 손을 이용해서 일본 국민을 굳게 믿도록 하는 것은 손쉬운 일이라고 생각합니다."

"일본이 가난한 이유는 일본인이 일에만 전념해서 일본을 더 나은 사회로 만들려고 하지 않기 때문이라고 말할 수 있습니다. 나아가 사회가 획일화되고, 사람은 사회를 운영하는 톱니바퀴의 하나일 뿐이라고 하는 것입니다(특히 이 부분이 내 가슴을 찌릅니다). 교과서는 통일되고, 저를 포함해서 오늘의 젊은이가 삼무(三無) 혹은 사무(四無)주의자가 되고…… 이것은 모두 획일화의 표면화입니다. 현재의 일본을 어떻게 개혁하면 좋을지 저는 잘 모르겠습니다(무의견, 개성의 결여?)."

동물과 식물과 함께 생명을 중요하게 여기며 산다 __ 지구적 풍요

이렇게 보면, 일반 시민과 젊은이에게 풍요란 세계시민으로서 모든 사람이 공통으로 가지고 있는, 어떤 '삶의 방식'을 실현하는 것은 아닐까 라는 생각이 든다.

그것은 아프리카를 기아에서 구원하기 위해 세계를 한데 묶고자 했던 〈위 아 더 월드〉[19]라는 노래를 생각나게 한다.

We are the world, we are the children

We are the ones who make a bright day

----

19 _ 아프리카를 기아에서 구원하기 위해 16시간에 걸쳐 펼쳐진 커다란 록음악 공연이 1985년 여름 런던과 필라델피아의 공연장을 텔레비전으로 연결해서 세계로 중계되었다. '라이브 에이드'로 이름붙여진 이 공연을 주최한 사람은 아일랜드의 팝 스타 밥 겔도프였다. 공연은 런던의 공연장에서 인기 밴드 스테이터스 쿠오가 '로킹 올 오버 더 월드'를 연주하는 것으로 시작되어 필라델피아 공연장에서 '위아 더 월드'를 합창하는 것으로 끝났다. 텔레비전 방송 중에 계속해서 기부를 호소하는 외침이 울려퍼졌다. 주최측의 발표에 따르면 방송료, 입장료, 전화기부를 합해서 모두 5000만 파운드(당시 환율로 약 165억 엔)에 이르는 막대한 후원금이 한 번의 마라톤 공연으로 걷혔다. 이 공연은 통신위성을 이용해서 일본에도 생중계되었으며, 모금 호소에 응한 시청자의 전화가 방송국에 쇄도했다(山本滿·暉峻淑子 外, 『明解·現代社會』, 三省堂, 1987).

So let's start giving

There's a choice we're making

We're saving our own lives

It's true we'll make a better day

Just you and me

우리는 세계. 희망을 만드는 것은 우리. 지금 구원의 손을 내미는 것은 다른 누구를 위한 것이 아니라 우리 자신을 위한 것.

또한 어린이의 목소리를 모은 헬렌 엑슬리가 편집한 『아름다운 지구를 전해주세요』[20] 라는 책이 있다.

이 책에는 세계 70여 개국 어린이들의 글과 그림이 모여 있는데, 그 머리글에서 엑슬레이는 이렇게 썼다.

나라가 달라도 어린이들이 생각하는 것은 모두 같다. 5천 점에 이르는 어린이들의 작품 중에서 '사람이 살기 위해서라면 무엇을 해도 좋다'고 말하고 있는 작품은 하나도 없었다. 어떤 글과 그림에서도 생명체를 중요하게 여기고, 귀여워하고, 이 아름다운 지구를 모두가 공존할 수 있는 세계로 만들자는 생각을 읽을 수 있다.

20 _ 偕成社, 1987. 원저는 Helen Exley ed., *Cry for our beautiful world*.

어린이들이 이 책에서 말하고 있는 풍요와 행복의 의미는 개발에 의한 환경파괴와 전쟁과 핵에 의한 공포를 없애고, 동물과 식물과 함께 생명을 중요하게 여기며 살아가는 것, 즉 지구의 풍요이다. 그것은 최대한 많은 것을 중요하게 여기고 살아가는 것을 뜻한다.

"행복이란 주변의 사물을 소중하게 여기는 것, 될 수 있는 한 상처입히지 않는 것. 오로지 사물을 중요하게 여기는 것입니다."(헬렌 캐딕, 11세, 영국)

"나는 나팔수선이 피어 있는 것만으로 행복합니다."(트레이시 멀로니, 6세, 영국)

"우리 동네에는 나무가 없습니다. 고층건물을 짓기 위해 뽑아냈습니다. 우리 집 주위에는 꽃도 없습니다. 시멘트로 흙을 발라버렸습니다. 창에는 새도 날아오지 않습니다. 스모그 때문에 어딘가 멀리 날아가버렸습니다." (바니아 티가리디, 14세, 그리스)

"과학과 발명, 압박감과 긴장, 혐오와 공포, 이것이야말로 지옥이다." (샐리 앳킨스, 17세, 오스트레일리아)

"이 세상에서 가장 작은 소리는 개미가 높이 자란 풀을 기어오르는 소리라고 모두 말합니다. 그렇지만 나는 튤립이 조금씩 열려서 은빛 이슬이 꽃에 떨어지는 소리라고 생각합니다."(메리 존슨, 미국)

"아직 어리고 흰 바다표범이 까맣고 귀여운 눈을 크게 뜨고 상대를 쳐다보고 있는 것을 보았을 때, 내 마음은 아팠습니다. 상대는 인간이었습니다. 다음 순간 작은 바다표범은 죽었습니다. 냉혹한 인간에게 맞아 죽었던 것입니다. 그 작은 바다표범의 가죽은 모피코트의 일부가 되었겠지요."(보엘 안

데르슨, 14세, 스웨덴)

"나는 미래가 어떻게 될까를 생각하는 것이 무서워요. 1백 년 뒤에도 이 세계가 있을까요. 어린이는 모두 나처럼 무서워하고 있다고 생각해요." (카린 노란다, 스웨덴)

"스모그투성이인 세계에서 사람과 동물과 식물은 어떻게 될까요? 쓰레기투성이가 되면, 바다는 어떻게 될까요? 생명 자체도 도대체 어떻게 될까요?"(와시리오스 안트리프로스, 11세, 그리스)

"나무를 베어내지 않았으면 좋겠어요. 우리 가슴이 아프게 돼잖아요." (마리아 호세 바르코스, 6세, 우루과이)

"일본에서는 호흡만 해도 담배를 세 상자 반이나 들이마신 것과 같은 상태가 된다고 합니다. 그러므로 모두 괴로워하고 있습니다. 숨을 쉬면 건강에 나쁘기 때문입니다."(마나루 엘 비슈로이, 12세, 이집트)

"우리에게도 무엇인가가 남아 있기를 바랍니다. 충분한 지구를 남겨주세요."(멜라니 보이드, 11세, 버뮤다)

지구적 풍요로움과 물량적 풍요감의 분열

그러나 이렇게 모든 사람에게 자명한 지구적 풍요는 경제사회로 들어가면 아주 다른 양상을 띤다. GNP, 저축률, 흑자무역, 해외자본투자, 채권액, …… 그런 수량이 경제사회에서는 풍요의 지표가 된다. 그리고 사람이 경제행위를 떠나서 살아갈 수 없는 이상 그것도 또한 분명한 사실이다.

지금 일본 국민의 64.3%(1985년, 국세조사)를 차지하는 근로자세대는 가족 누군가가 회사, 관공서, 학교, 상점 등에서 생산과 서비스활동에 종사하고 있다. 그리고 여러 직장에서 경제활동을 해서 급여를 받고, 그것이 가계소득으로 삶 전체를 지탱한다. 자영업을 하는 상인과 장인, 프리랜서 등은 직접 고용되지는 않지만, 하청을 받아 일을 하며 스스로 경제활동을 영위하고 생활을 지탱한다. 연금생활자와 같이 일을 하지 않는 사람도 연금으로 생활용품을 사고 세금을 내는 등 물가와 상품과 밀접한 경제관계가 있다는 것은 확실하다. 생활보호 등의 공적 부조에 의해 생활하는 사람도 마찬가지다.

자녀교육도 또한 교통비, 수업료, 등록금, 교과서, 참고서, 문구류 등에 대한 지출 없이는 이루어지지 않는다.

생활의 풍요가 화폐금액, 상품의 양과 질, 다양성 등으로 표현되는 것은 당연하다고 말할 수 있다. 그러므로 생산력과 물량으로 표현되는 풍요에 대한 비판은 애초에는 오히려 빈부격차와 분배방법을 향하고 있었다.

가계조사와 엥겔계수로 유명한 에른스트 엥겔은 『벨기에 노동자 가족의 생활비』(1895)에서 다음과 같이 썼다.

"생산에 관해서는 세계에서 가장 기량이 있는 국민이면서 동시에 가장 볼품 없는 국민일 수도 있다. 강력한 국방력을 갖춘 국가가 파산할 수도 있다. 최신 시설을 갖춘 병원이 있는데도 국민이 빈곤과 궁핍으로 병약해질 수도 있다."

"각국의 경제력을 물적 생산량 등으로 비교하는 것은 무의미하며, 경제력 을 나타내는 참된 지표는 여러 가지 국민의 생활수준, 즉 복지수준을 측정한 생계비이다."

그가 이렇게 간파했던 것은 노동자에 대한 과소한 부의 배분을 비판하는 것이 되었다.

그 뒤 기술과 자본이 거대화하고, 생산량 증대라는 파이의 크기가 커지자 노동자의 절대적인 취득분도 늘어났고, 그 대신에 부정적 영향은 생활과 환경의 파괴로 이어졌다.

그 결과 인간이 본래 가지고 있는 지구적 풍요로움과 경제활동이 초래하는 물량적 풍요로움은 날카롭게 분열하고 대립해서 자각되지 않으면 안 되게 되었다. 양쪽은 '풍요'라는 같은 말로 자주 이야기되지만 그 의미는 많이 다르다. 그 둘이 통일되는 것은 아마도 생활의 장일 것이며, 또한 통일되지 않으면 생활의 풍요는 있을 수 없다.

지금 그 누구도 핵전쟁, 원자력발전의 핵쓰레기와 사고, 프레온가스에 의한 오존층 파괴, 물·흙·대기의 오염, 생물종의 감소, 사회다위니즘에 의한 약자의 도태, 인간 의식의 로보트화, 사회에 대한 무책임과 무관심…… 이런 사실들을 떠올리며 무서워하지 않는 사람은 없을 것이다. 만일 이대로 레일 위를 계속 달려간다면…….

어린이들만이 아니라 사실은 어른들도 '모두 무서워하고 있다'고 해야 하지 않을까?

설령 풍요를 물량이 많은 상태라고 생각한다 해도, 그 풍요를 재생산하는 조건을 자연은 이제는 가지고 있지 않기 때문이다.

풍요에 대한 의문과 갤브레이스의『풍요한 사회』

풍요에 대한 의문은 경제학자만이 아니라 물리학, 생태학, 공중위생학 등 넓은 분야의 사람들이 일찍부터 제기해왔다.

빈부격차와 소득 재분배 문제만이 아니라 상품가격에 들어 있지 않은 외부경제의 문제와 공해의 사회적 비용에 관해서 말이다.

나아가 경제적 계산이 어떻다고 해도 환경파괴가 인류의 생존을 위협하고 있다는 사실. 자원의 무자비한 개발과 소비, 대량소비에 의한 지구의 오염. 거대기술이 아니라 적정기술을 개발할 필요성. 사회적 공통자본이 발달하지 못해 손실을 입고 있는 사유재산 문제. 자연과의 공존을 목표로 한 생태학의 주장.

이 모든 사항이 생산증대가 풍요로 꼭 이어지는 것은 아니며 사회와 개인에게 부정적 영향을 준다는 것을 지적하고 있다.

그 중에서도 책제목 자체를『풍요한 사회』로 붙인, 1958년에 출판된 갤브레이스의 책은 특히 유명한 대표작이다. 모처럼 그의 책을 찾아서 '풍요'를 재검토하고자 한다.

시장경제 신앙에서 소득 재분배로

갤브레이스는 '모든 사회적 폐해는 생산의 증대로 해결된다' 고 생각한 경제자유주의자들에 대해서도, 또한 '모든 경제사회문제는 생산과 고용이 충분하다면 해결된다' 고 생각한 케인즈파의 정책에 대해서도 반대했다. 부가 늘어나고 실업이 없어져도 여전히 풍요로운 사회는 실현될 수 없다고 갤브레이스는 생각했다.

풍요란 욕망이 충분히 충족되는 것이라고 생각한 사람들에 대해서도 갤브레이스는 욕망의 내용을 두 가지로 구별해서 시장의 수요 자체를 비판했다.

사람들의 욕망에는 의식주나 의료와 같이 굶주림과 추위와 질병의 고통에 의해 생겨나는 물리적 근거에서 비롯되는 욕망과 세일즈맨의 이야기와 광고에서 주입하는 이른바 의존효과에 의한 욕망이 있다.

생산의 증대는 어떤 점을 넘어서면 욕망을 기르게 되며 생산이 급속히 늘어나는 것에 비례해서 수요도 급속히 증가한다. 그러므로 생산의 확대를 경제의 진보와 사회의 진보 기준으로 삼는 것은 옳지 않다.

자유경쟁에 뿌리를 두고 있는 시장경제는 가장 효율적인 방법으로 자원(자본과 노동)을 배분한다. 그러나 자유경쟁에 의한 효율적인 부의 생산은 그 대가로 패자를 당연한 것으로 여길 것을 사회에 요구했다. 패자가 나오는 것보다도 번영하는 자가 있는 것이 부의 증대에서는 중요했다.

애덤 스미스의 『국부론』이라는 책제목이 보여주듯이, 국부란 전체로서 부이며 그것이 어떻게 분배되는가 하는 문제와는 완전히 무관했다.

사회보장과 환경과 노동조합의 요구를 고려하는 것은 경제발전을 방해할 뿐이었다. 자본주의를 수정하려고 하면, 이 제도가 가지고 있는 효율성을 제거하는 것이 되며, 게다가 자본주의를 대체하는 제도로 부를 효율적으로 증대할 수 없는 이상, 자유경쟁에 의한 시장경제도, 약자의 도태도 인정하지 않으면 안 된다. 즉 시장경제와 사회진화론은 같은 입장에 서 있다('적자생존'이라는 말을 처음으로 사용한 사람은 19세기 영국의 허버트 스펜서이다).

그리고 공교육, 공공주택, 위생개선, 물, 공기, 환경개선을 위한 공공서비스가 경시되고, 사회적으로 심각한 병리현상이 여기저기서 나타났다. 그 결과 위험한 밤길, 전염병, 물과 공기의 오염이 돈 많은 개인도 습격해서 자유를 압박했다.

공공서비스가 충분한 북구의 나라들과 서독에서 볼 수 있는 좋은 학교, 넉넉한 급여를 받는 교원, 풍부하고 매력적인 주택, 청결한 도로, 잘 훈련된 충분한 수의 경찰, 많은 넓은 공원, 안전요원이 자상하게 돌보는 어린이 놀이터와 수영장. 이러한 사회복지 수준의 향상은 이제는 생산이 증대한다고 해서 반드시 이루어지지는 않는다는 것이 분명해졌다.

생산의 증대는 좋은 사회를 만드는 최종적인 기준이 아니며, 사회악과 빈곤을 해결하는 것도 아니다. 고도로 전문화된 기술과 거대한 자본조직은 환경에 대해서는 오히려 위험을 가져왔다.

공공서비스를 통해 자유로운 시장경제에 국가가 개입하는 것을 극도로 싫어하는 자본은, 자신의 독점력으로 시장법칙을 크게 왜곡했다. 또한 자본가에게 이로운 보조금과 관세에 대해서는 높을수록 좋다며 환영했다. 강자는 자유경쟁에서 면제되어 독점력 위에 편하게 앉아 있을 수 있지만, 약자는 경쟁에 혹독하게 시달리지 않으면 안 되게 되었다.

일반 시민에게 경쟁은 불안의 씨앗이며, 사람들을 자기방어로 내몬다. 약한 사람들을 배제하는 경제법칙의 냉혹함을 싫어하는 사람들에게 어떤 정당한 이유를 들이댄다고 해도 인간에게서 동정심을 잃게 할 수는 없다. 자기방어와 불안 속에는 인간의 기분을 만족시키는 것이 있을 수 없기 때문이다.

경쟁만이 아니라 기계화된 산업기술이 지나치게 보급되어 문화적 악영향을 끼친다. 사람들은 시야가 좁은 기계적 사고방식을 강요당하고, 그밖의 것은 필요없어지고 만다. 밤낮 없는 정보사회는 인간의 생활이 갖는 자연의 리듬을 무시하고 끊임없이 일하게 만든다. 돈 중심의 문화는 문명을 망하게 한다.

경쟁사회라는 시대통념에 가장 큰 타격을 입힌 것은 마르크스의 이론이다. 마르크스는 소수가 독점하는 거액의 부는 노동자를 착취한 결과이며, 그 때문에 대중은 빈곤해진다는 것을 체계적으로 논증했다. 이러한 착취는 도덕적으로 비판되는 것만이 아니라, 자본주의 경제의 내부에서 경제위기를 악화시키고 자본주의 경제를 무너뜨린다고 마르크스는 말한다.

이러한 마르크스의 예언을 실증하듯이 노동자의 파업과 실업, 도산 등 사회불안이 빈번해지고, 기아와 질병과 교육을 받지 못한 사람이 사회불안을 증대시켰다.

이제 경제학은 이런 불평등을 피해갈 수 없게 되었다. 전에는 풍요의 적으로 보였던 소득의 재분배가 조세제도와 국가의 역할과 함께 경제의 커다란 과제가 되었다.

그래서 부유한 자에게도 가난한 자에게도 생산의 증대가 이익이 된다고 생각되었으며, '생산성의 향상'이 가장 중요한 과제가 되었다.

결정되는 욕망에서 자주적으로 결정하는 욕망으로

'생산 확대'라는 지상명령 때문에 완성된 물건은 어떻게 처리되는가? 확실히 국민총생산이 늘고 실질소득이 늘어나면, 재분배에 얽힌 한(恨)은 해소된다. 그러나 생산은 불평등을 완화하고 실업자에게 일자리를 주는 수단으로만 존재하는 것은 아니다. 생산은 그 자체로서의 이유를 가지고 있기도 하다.

예전에는 생산이 굶주림을 해결하기 위한 음식, 추위를 막기 위한 의복, 집이 없는 사람에게 필요한 집 등을 뜻했다. 그러나 지금은 더욱 사치스러운, 어떤 의미에서는 부도덕하고 위험한 욕망을 만들어내는 것으로 변했다.

없어도 좋을 다수의 제품들이 왜 필요한가, 욕망을 만들어내기 위한 과도한 선전과 상술이 왜 필요한가, 이런 의혹을 제기하는 경제학자는 거의 없지만, 이에 대해서는 '더 많은 것을 욕망하는 것이 인간이다', '생산을 늘리지 않으면 정체된다', '러시아인에게 보여주지 않으면 안 된다' 등의 반론이 나온다.

경제학의 소비수요이론은 이제까지 이런 문제들을 다음과 같이 설명해왔다.

1. 욕망이 충족되어도 욕망은 줄어들지 않는다. 육체적 욕망 다음에는 심리적 욕망이 있는데, 이 욕망은 한이 없다. 또한 욕망충족을 '증명하는 것'은 어렵다. 충족이라는 개념은 경제학에는 존재하지 않는다.

2. 욕망은 소비자의 개성에 뿌리를 두고 있으며, 그 욕망이 어떻게 만들어지는가를 경제학자는 모른다. 경제학자는 정신상태의 표현을 연구하지, 정신상태 그 자체를 연구하지 않는다.

욕망은 비교될 수 없다는 경제학 이론은 분명히 일상생활의 상식에 어긋난다. 굶주림에 대한 욕망과 텔레비전에 대한 욕망 중 어느 쪽이 중요한가를 경제학이 비교할 수 없다면, 왜 막대한 비용을 들인 광고와 상술로 욕망을 만들어낼 필요가 있을까? 정말로 굶주리고 있는 사람은 음식이 왜 중요한지에 대해 귀기울여 들을 필요가 없다.

예로부터 몇 개인가의 유토피아가 그려졌지만, 다람쥐 쳇바퀴 같은 사회를 제안한 사람은 당연히 없었다. 생산을 늘리기 위해 욕망은 끊임없이 조작되지 않으면 안 된다. 생산의 확대가 실업을 없애기 위해 필요하다면, 노동시간 단축과 공공서비스에 종사하는 인원을 늘리는 방법도 있다.

지금 사람들은 생산의 양이 아니라 생활의 질을 묻고 있으며, 평등과 인류의 미래와 환경문제와 예술적 · 지적 표현의 정직함에 대한 관심이 끓어오르고 있다.

이것들은 만들어진 소비가 아니라 자주적으로 결정된 욕망으로의 전환을 보여준다. 시장경제와 공공서비스의 균형을 국민이 합의하여 자주적으로 결정하지 않고는 풍요로운 사회는 실현될 수 없기 때문이다.

시장경제의 영역이라면, 예컨대 자동차가 늘어나면 철광산업이 발전하고, 가솔린 소비가 늘어나고, 보험도 늘어나는 식으로 경제의 관련과 균형이 자동적으로 지켜진다.

그러나 사경제(私經濟)와 공공경제의 사회적 균형은 노력 없이는 실현되지 않는다. 자동차가 늘어나면, 도로와 교통정리와 경찰과 주차장이 필요해지는 데도, 공공서비스는 계속 지체되고, 도로는 혼잡해지고, 교통사고가 늘어나고, 공기가 더러워지고, 아이들은 밖에서 놀지 못하고 텔레비전에 매달리게 된다.

공공서비스에 어느 정도의 돈을 쓰고 사적 소비에 어느 정도의 돈을 쓸 것인가. 이것을 결정하는 것이야말로 자주적으로 결정된 소비욕망이다.

광고와 허영과 조작된 욕망에 의해 수요가 만들어지는 사회에서 공공서비스는 계속 지체된다. 공원, 공중위생, 학교 등은 자동차만큼 개인으로부터 소득을 거두어들이는 힘을 가지고 있지 않다. 사기업에서는 유능한 사람들이 대중심리를 샅샅이 조사해서 팔려는 상품에 대한 욕망을 기르는 데 힘을 쏟고 있지만, 공공서비스에서는 그렇지 않다.

풍요로운 사회란? __ 갤브레이스의 결론

조작되지 않은 자주적 판단력으로 복지사회를 만들어내려는 사람을 기르는 것이 교육이다. 그리고 교육사업은 공공이 해야만 하는 첫번째 사업이다.

교육은 일종의 투자이지만, 교육은 생산을 늘리기 위한 것만이 아니라, 물적·심적 복지를 바라고 배우고 이해하고 추리하려고 하는 사람다운 욕구를 기르기 위한 것이다.

만일 사람들이 더 많은 생산물을 위해 더 많은 욕망을 제조한다는, 끊임없는 경쟁에서 벗어날 수 있다면, 그로써 변하는 만족감은 얼마나 클까?

더 많은 물건을 가지는 것을 행복이라고 생각하는 마음을 버린다면, 무엇이 행복의 상징이 될 것인가?

교육과 보건, 주택, 즐겁고 안전한 환경, 이 요소들은 빈부의 격차를 떠나서 풍요로운 사회를 실현할 것이다. 노동은 효율보다도 즐겁게 사는 보람을 느끼는 노동으로 변할 것이다.

행복하고 풍요로운 사회란 어떤 사회일까? 갤브레이스는 그것을 생산의 효율지상주의에서 벗어날 때, 즉 그 강제에서 해방되어 자유롭게 될 때 처음으로 사람들이 생각할 수 있는 것이라는 추상적인 말로 『풍요한 사회』를 끝맺고 있다.

조금 길어졌지만 갤브레이스의 『풍요한 사회』를 나름대로 요약해서 소개한 까닭은 갤브레이스의 비판이 오늘날 일본 사회에 꼭 들어맞기 때문이다.

일본 사회는 경제성장의 즐거움 이외에 그것을 대신할 사회의 행복과 풍요의 철학을 가지고 있지 않다.

갤브레이스가 이 책에서 충분히 논하지 않았던 자연환경문제에 대해서는 생태학의 입장에 선 사람들로부터 현재 더욱 포괄적인 생산지상주의에 대한 비판이 전개되고 있다.

우리 속의 다람쥐가 쳇바퀴를 돌리는 것처럼 정치도 경제도 효율을 위한 효율을 찾아서 달리기를 계속하면 인간의 이성을 대신해서 자연이 인간을 고발하고 보복할 것이다.

환경문제에 관해서는 이미 훌륭한 책들이 많이 있으므로 여기서 다시 쓰지는 않지만, 일본 사회에서 통감하는 것은, 사람들의 상호관계 속에 착취와 차별과 이기심에 뿌리를 둔 무관심이 있다면, 자연에 대해서도 똑같은 행동양식인 파괴와 무책임이 있다는 것이다.

개인생활 면에서 풍요를 잰다 __ 생활수준론

갤브레이스는 주로 사회적 경제제도 면에서 '풍요'를 논했지만, 그것과는 대조적으로 개인생활 면에서 풍요를 문제로 삼아온 것이 이른바 생활수준론이다. 갤브레이스의 『풍요한 사회』와 대조하면서 생활수준론의 변천을 추적해보면 대단히 흥미롭다.

생활수준, 생활의 질, 혹은 생활의 복지라는 말은 '풍요'라는 말과 마찬가지로 그 내용을 완전히 수량화하거나 지표화하기가 어렵다. 그러나 생활수준이라는 개념에는 소득만이 아니라 환경과 사회자본과 사회보장제도와 함께 인간관계와 개인 활동의 가능성까지 포함된다.

예컨대 임금이 오르고 소득이 늘어도 노동시간이 길고 통근시간이 긴 생활을 생활수준이 향상되었다고 말할 수 있을까? 또한 텔레비전과 자동차는 있지만 노인이 지낼 방도 없고 간호인도 없는 생활은 수준이 높은 것일까, 낮은 것일까? 혹은 저축은 해도 사회보장이 갖춰지지 않았기 때문에 늘 불안을 안고 살아가기도 하며, 저축은 하지 않지만 사회보장으로 지지를 받기도 한다. 저축액만으로 생활을 비교할 수는 없다. 자연환경이 오염되고, 식품도 안전하지 않고, 자녀의 건강이 걱정되거나, 교육비 인상이 자녀의 인격발달과 즐거움으로 이어지지 않고 시험지옥에 고통받고 있는 등 생활의 만족감과 행복감은 여러 요인으로 결정된다.

그것은 사람들이 어떤 생활방식을 바라는가와 밀접한 관계를 맺고 있기는 해도 결코 개별적인 문제는 아니다.

개인의 행복을 주관적인 것으로 처리해버리는 것은 가장 간단한 방법이지만, 개인의 행복에는 타인과 통하고 서로 영향을 미치는 공통부분이 있다. 이 행복 또는 불행의 공통부분을 향상시키는 것이 생활수준 향상의 핵심이며, 개인의 행복에 관련된 공통부분을 화폐적ㆍ비화폐적 혹은 사회의 상태와 활동 등 여러 관점에서 포괄적으로 파악하려고 한 것이 생활수준론이었다.

빈곤조사에서 시작된 생계조사

갤브레이스가 말하듯이 생활의 욕구는 우선 굶주림을 만족시키는 것에서 시작했다. 따라서 생계조사도 빈곤조사에서 시작되었다.

영국의 F. M. 이든은 목사의 협력을 받아 빈곤노동자의 생계보고를 모아서 1797년에 『빈민의 상태』를 출판했다.

프리드리히 엥겔스가 『잉글랜드 노동계급의 처지』를 출판한 것은 1845년이었다.

애덤 스미스 이래 경제의 자유방임원칙은 노동자의 '빈곤과 사망의 자유'를 불러일으켰고, 산업혁명 후에 노동자는 과중노동과 저임금과 실업으로 고통받고 있었다. 물질적 빈곤이야말로 비위생과 질병, 무지와 황폐한 정신의 원인이었다.

1853년, 제1회 국제통계회의는 이러한 상태를 그대로 두고볼 수 없다고 밝히고, 노동자의 생계자료를 국제적으로 모을 계획을 제안했다. 그 결의에 따라 우선 벨기에에서 약 1천 명을 대상으로 한 생계조사가 이루어졌으며, 그 중 E. 듀크프티유는 199가구를 선별하여 『199 벨기에 노동자 가구의 가계조사』라는 제목의 보고서를 1855년에 출판했다. 또한 같은 해에 프랑스의 F. 루 프레는 36가구의 전형적 노동자의 생활을 상세히 조사해서 『36 전형적 노동자 가족의 조사』를 출판했다.

엥겔의 법칙으로 유명한 에른스트 엥겔은 이 듀크프티유와 루 프레의 가계조사를 재분석해서 1848년 작센왕국의 직업통계와도 연관지어 『작센왕국의 생산과 소비사정』(1857), 『벨기에 노동자 가족의 생활비』(1895)를 출판했다.

이 보고서들에서 엥겔은 소비지출에서 차지하는 식료비 부분이 높은 가구일수록 빈곤하다는, 빈곤의 지표로 엥겔계수를 끌어냈다. 즉 먹는 것에 온힘을 기울여야 하는 세대일수록 풍요하지 않다는 것을 실증하고 생활수준을 재는 잣대로 삼았다.

그것만이 아니라 엥겔은 애덤 스미스 이래의 부의 개념을 비판하고, 참된 부는 그 나라의 물적 생산량으로 드러나는 것이 아니라 '국민의 생활수준으로 드러난다'고 주장해서 국민경제론에 커다란 영향을 끼쳤다.

엥겔의 업적은 더욱 발전해서 1868년에는 H. 슈바베가 식비만이 아니라 주거비를 생활수준의 지표로 삼는 연구를 『수입과 주거비의 관계』라는 제목으로 발표했다.

그 뒤 생활수준을 측정하는 데 획기적 업적을 남긴 것은 B. S. 라운트리의 『빈곤선(線)의 이론』이다.

라운트리는 『빈곤, 도시생활 연구』(1901), 『노동자의 인간적 욕구』(1918) 등에서 육체적 욕구만이 아니라 가족과 함께 문화적 욕구를 충족하는 비용을 생활비로 생각했다. 그리고 생활에 필요한 모든 생활자료를 쌓아올린 마켓 바스켓 방식[21]으로 그 비용을 합계하고, 그것을 표준생계비로 삼았다. 그 결과 표준생계비 이하의 생활을 빈곤한 세대로 판정했다.

라운트리가 '빈곤선'이라고 이름붙여 빈부의 경계를 정했듯이 육체를 유지할 뿐인 생활은 빈곤하며, 그에 비해 가족이 다함께 정신적·문화적 삶을 누릴 수 있는 생활은 분명히 풍요를 드러낸다(마켓 바스켓 방식은 1923년 영국의 노동당이 채택해 일반화되었다).

---

21 _ 역주 ─ "필요한 식료품 품목과 수량을 정하고, 그것을 구매하는 비용과 임금을 비교하는 방식이었으므로 마켓 바스켓 방식이란 말이 붙여졌다. 그후 이 방식은 식료품뿐만 아니라 전 생계비목록에 확대되어 일정 생활수준을 유지하기 위해 필요한 생활수단 전부의 품목과 수량을 정하고 그 구입가격이나 내용연수 등을 고려하여 전 생계비를 집계하는 방식을 지칭하게 되었다. 이 방식은 최저임금액 또는 사회보장급부금 산출 등에 이용되는 경우가 많다"(네이버 용어사전).

ILO는 1925년 제2회 국제노동통계회의에서 '노동자의 생활수준을 일정하게 유지하는 비용의 변화를 측정하는' 생계비지수를 주로 해서 물가와의 관계로 정했다.

생계비지수는 생활비가 같은 금액이어도 생활수준은 변할 수 있다는 전제에 서 있다. 따라서 만일 생활비가 늘어도 성장하는 자녀가 아주 많이 먹거나, 교육비와 교통비가 더 많이 든다면, 생활수준은 나아지지 않는다. 왜냐하면 그 비용이 자녀의 성장에 따른 필연적 지출인 이상 생활이 반드시 풍요롭고 즐거워지는 것은 아니기 때문이다.

즉 생활수준은 단순히 화폐액과 소비물량으로 나타날 수 없다는 것이 분명해졌다. 그것은 사회변동에 따라 크게 좌우되며, 사회보장제도와 사회자본은 물론이고 공공서비스 상태와 환경오염 등에 의해서도 향상되거나 저하될 수 있기 때문이다.

일본의 생계조사 시작

일본의 생계조사도 빈곤조사로부터 시작했다. 마에다 마사나(前田正名)는 『흥업의견(興業意見)』(1884)에서 '국민생활의 양상은 의식주도 충분하지 않다. 사람이면서 아직 사람이라고 불릴 수 없는 사람도 아주 많다. …… 심하게는 풀뿌리를 캐서 먹거리 재료로 삼는 참상을 본다'고 했으며, 요코야마 겐노스케(橫山源之助)는 『일본의 하층계급』(1899)에서 '오로지 부업과 밥찌꺼기(근위병이 먹다 남긴 밥찌꺼기)로 생활의 궁핍을 조금 벗어날 수 있을 뿐'이라고 말했다. 빈민과 노동자의 생활은 식료비와 땔감비로 거의 모든 생활비를 써버리고 마는 것이었다.

계속해서 다카노 이와사부로(高野岩三郎)는 『동경의 20 직공가계조사』(1916)에서 엥겔계수는 40~50%이지만, '신문구독료 등의 교양분야 지출은 보이지 않으며, 직공 소득의 대부분이 생존에 필수적인 것에 쓰이고 있다. …… 엥겔의 법칙도 우리를 속이게 되지 않았는가'라고 탄식했다.

그 뒤 1926년에 내각통계국이, 7,220세대의 가계조사를 실시해서 오늘의 가계조사와 소비실태조사로 이어지고 있지만, 이 조사들은 국민의 생활을 풍요롭게 하기 위한 정책으로 실행된 것이 아니며, 부국강병 정책을 전시하던 중 미곡통제에 이용되었거나, 소비자물가지수 작성을 위한 수단으로 사용되고 있다. 그에 비해 오늘날의 국민생활백서는 연도에 따라 중점사항이 다르며, 정부의 통계조사 등을 자료로 사용하면서 가계소득, 소비, 고용, 자산, 주택, 학력, 노인문제, 사회자본 등 생활을 전체적으로 포괄하여 분석하고 있다.

다각적인 관점을 가진 현대의 생활수준론

앞에서 본 것과는 다른 관점에서 인간다운 생활의 최저기준이라고 할 만한 것을 제출한 것이 노동과학연구소의 『일본의 생활수준』(1960)이었다. 거기서는 생활비에 따라 빈부를 판단하는 것이 아니라, 체격, 체력, 건강상태, 영양상태, 지능, 주거, 의복, 문화생활 등이 생활비가 많아지면서 얼마나 향상되는가를 측정했다. 그래서 생활비가 어느 정도 이상 많아져도 생활수준은 그만큼 향상되지 않고 계속 그 상태를 유지하는 지점을 찾아냈으며, 이것을 필수생활비로 생각했다.

이 연구는 사람들의 심신이 양호한 상태이며, 그 사람이 가진 능력을 발휘할 수 있는, 인간다운 생활을 위해서는 어느 정도의 생활비가 있어야 하는가를 산정하려고 한 획기적인 시도였다. 이 연구를 행한 후지모토 다케시(藤本武)는 문화수준을 이러한 방법으로 산정하는 것의 어려움을 말했다. 하지만 심신의 양호한 상태와 생활을 기준으로 필수생활비를 생각하는 방법은 광고에 조작되어 구매의욕을 부추기는 무한소비에 대해 소비의 양적 한계효용을 보여준 것으로 해석될 수 있다.

나아가 생활수준을 소비지출의 금액으로 보는 것이 아니라, '사람들의 욕망을 만족시키는 정도'로 보려고 했던 것이 국제연합 사회개발연구소의 '생활수준지표'였다. 그 방법은 우선 복지의 대상이 되는 것을 선택하고, 그것이 어느 정도 충족되고 있는가를 교육, 여가, 노동, 건강, 주생활, 연대 등의 항목별로 나누어 평가하고, 종합적으로 복지수준을 산정하는 것이다.

드레프노프스키 방식으로 불리는 이 방법은 복지의 한계점과 도달점의 두 기준점을 설정하고, 현실의 수준이 두 기준점 사이 어디에 있는가에 따라 득점을 산정하는 방법을 취했다. 이 방법을 받아들인 도쿄도와 도쿄대학 도미나가(富永)연구실에서 행한 『두 기준점 방식 복지지표 작성의 시도』(1972)는 복지 분야를 열 가지로 분류하고(소득·소비, 건강, 주생활, 노동, 여가, 교육, 연대, 교통통신, 안전, 자연환경), 그것을 개인생활, 생활환경, 공공부문의 세 가지 관점에서 180개 항목으로 나누어 평가했다.

그 목적은 GNP지상주의를 비판하고, 그것과 동시에 욕망의 종류를 체계적으로 분류하고, 생활의 복지수준을 높이기 위해 나라와 지방자치체가 어떤 정책을 펴야 좋은가를 보여주려는 것이었다.

경제성장에 따른 환경파괴와 공해와 통근사정의 악화와 교통사고 등

반복지적 요소에 대해 미국의 유명한 통계학자 어빙 피셔는 '산업활동 때문에 자연파괴가 일어나는 것은 부엌을 넓히려고 정원을 파괴하는 것과 같다'고 말했지만, 그러한 반복지적 요소와 복지적 요소를 서로 맞춰 계산하려고 했던 것이 A. W. 자메츠이다(『사회변화의 지표』, 러셀 세이지 재단, 1968). 자메츠는 1968년부터 76년에 이르는 변화를 '복지적 GNP'로 해서 시험적으로 계산했지만, 이 생각을 참고해서 일본에서 작성된 것이 NNW(순국민복지)이다.[22]

NNW는 플러스 항목 6개와 마이너스 항목 3개를 가격으로 환산해서 1955년부터 70년까지 5년 간격으로 계산하고 있다. 예컨대 여가시간과 개인 내구소비재 서비스와 야외활동은 플러스 항목으로, 환경오염과 환경유지비용은 마이너스 항목으로 분류되었다. 이 중 마이너스 지표가 특히 불충분하다고 비판받았지만, 이러한 지표는 경제기획청의 '국민 생활지표'(NSI)로 다시 고쳐져서 여러 외국과의 비교도 행해지고, 개선 작업이 계속되고 있다.

지금까지 생활수준 평가에 대한 간단한 스케치를 해보았지만, 풍요에 대해 사람들이 물건과 돈만이 아니라 얼마나 다면적으로 생각해왔던 가를 살펴보았다.

포괄적으로 풍요를 측정했다고 해도 좋은 생활수준론 속에 우리가 풍요에 관해 생각해야만 하는 많은 시사점들이 담겨 있다.

물적인, 또는 돈의 양만이 아니라, 생활의 자립과 자유, 창조적 활동, 지역사회에서의 연대와 인권, 자연환경도 포함해서, 우리는 그것들을

----

22 _ 経済審議会, 『NNW開発委員会報告―新らしい福祉指標, NNW』, 1973

풍요의 중요한 요소로 생각하지 않으면 안 되게 되었다. 풍요는 다양한 개인의 생활방식의 문제임과 동시에 사회와 정치의 문제와 떨어질 수 없다는 사실이 분명해졌다.

오늘날에도 빈부격차는 남아 있다. 그러나 한편에서 풍요로운 사람과 가난한 사람을 나누는 것은 그렇게 간단하지 않게 되었다.

식량과 물과 흙과 공기의 오염, 마음의 휴식을 허락하지 않는 일상생활, 핵의 공포, 자기방어 도구가 되어버린 무관심, 인간관계의 취약함, 그 모든 것은 자기 자신의 안전도, 풍요로운 자기 실현도 다른 사람과의 관계 속에서만 실현될 수 있다는 것을 보여준다.

이러한 문제의식을 가지고, 다음 두 장에서, 왜 일본이라는 나라는 부유한 데 국민은 풍요롭다고 느끼지 않는가에 대해 더욱 구체적으로 살펴보고자 한다.

4장

여유를 제물로 삼다

여유를 만들어내는 것 __ 사회보장과 자유시간

'풍요'라는 말은 '여유가 있는 것'이라는 말로 자주 이야기되는 경우가 많다. 예컨대 소득이 같더라도 주택과 예금 등의 자산이 있는 사람은 여유가 있고, 그렇지 않은 사람은 여유가 없다.

또는 물질적 조건이 같더라도 시간에 여유가 있으면 느긋하게 인생을 즐기며 살아갈 수 있지만, 시간에 쫓기면 눈이 충혈된 채 살아가지 않으면 안 된다.

생활은 기업과는 달라서, '위장의 크기에는 한계가 있는 것'이므로 본래 생활에 필요한 욕망은 충족되어 결국 사라지고, '돈 벌고 물건 사 모으는 즐거움' 대신에 내면의 즐거움에서 삶의 보람을 느끼게 된다.

인간적이고 개성있는 생활을 할 수 있으면, 다른 사람과 비교해 뒤처지지 않도록 주위를 살펴봐야 하는 절박감에서도 해방된다. 제3세계의 자원을 낭비하지 않고, 여유있는 생활을 자신이 직접 만들어낼 가능성도 생겨날 것이다.

그러나 경제가치만이 강조되어 더 많은 돈과 물건을 가지는 것이 가장 큰 소망이 된 사회에서는 개인도 사회의 흐름에 휩쓸려 균형을 잃고 만족하지 못하는 인간이 되어버린다. 얼마나 많은 부를 가질 것인가에 관심이 집중된다.

그리고 슬프게도 일본에서는 주택과 환경과 노후보장이 열악해서 생활에서 물질적 만족감을 얻기가 상당히 어려우며, 많은 사람들이 재테크에 몰두하기 쉬운 사회적 배경을 가지고 있다. 즉 자칫하면 개인생활이 기업과 같이 오직 부를 쌓으려고 하는 욕망만을 가지기 쉽다.

그러나 경쟁사회에서 한없이 부를 축적하는 것을 인생의 목적으로 삼으면, 아무리 효율적으로 일을 하더라도, 다음 일이 한없이 기다리고 있어서 끝나지 않는다. 그 결과 자신 안의 자유로운 시간을 영원히 가질 수 없다.

돈을 모으는 것은 한이 없지만, 인생은 유한하다. 그것만이 아니다. 다른 사람과 세계에 대해서도 경쟁자인가, 이해득실의 대상인가, 이용할 수단인가를 생각하게 되며, 만인은 만인의 적이 되어 의지할 것은 돈뿐이라고 생각하는 악순환에 빠진다.

서독의 슈미트 전 수상이 '경제대국 일본은 (군사동맹을 맺고 있어도) 참된 친구를 가지고 있지 않다'고 한 것도 경제지상주의 일본의 모습을 말하고 있다.

그것을 알면서도, 경쟁사회에서 밀리면, 집도 잃고, 아플 때 비참한 취급밖에 받지 못하고, 늙어서 인간다운 여생을 보내지 못한다는 불안에 쫓겨서 경쟁사회에서 지쳐버리고 마는 모순과 악순환에서는 여유도 풍요로움도 생겨나지 않는 것이 당연하다.

이렇게 생각하면 충실한 사회보장과 사회자본이야말로 풍요의 불가결한 요소라는 사실을 통감할 수 있다. 그것은 사람들에게 안도감을 주고, 평등으로의 길을 열고, 무한경쟁에서 사람들을 해방한다. 쫓기는 활력이 아니라 여유를 가진 창조적 활력을 발휘할 수 있게 된다.

개인에게 어느 정도의 축적이 여유를 만들어내듯이 사회 속에도 축적이 필요하다.

나아가 좋은 자연환경에서 사람들이 생활하면, 원래 자연의 일부인 사람의 마음은 틀림없이 평온하고 정서적으로 풍요로움을 느끼게 된다. 자연 속의 다양한 생명의 공존이야말로 풍요의 원천이기 때문이다.

그러나 그런 물리적 조건이 정비되어도 사람들이 시간적 여유를 가지지 못하면, 풍요를 실현하기는 어렵다.

오늘날 각국에서 일본의 긴 노동시간을 비난하는 까닭은 국제적인 경쟁조건의 불공정 때문만이 아니라, 인간성을 죽이고, 지구 차원의 풍요를 생각할 여유를 주지 않으며, 개인과 사회의 방향성을 잃게 하는 원흉이기 때문이다.

수입에서 세금과 사회보험료를 뺀 뒤에 자유롭게 쓸 수 있는 돈을 '가처분소득'이라고 한다. 그러나 '가처분시간'이라는 말은 아직 쓰지 않고 있다. 자신의 인생을 위한 가처분시간이야말로 독일인이 말하는 '자유시간'이며, 노동시간의 단축이야말로 인간을 자유롭게 하고, 여유를 만들어내는 동력이 될 것이다. 현재의 일본과 같이 가처분소득을 늘리기 위해 가처분시간을 줄이면, 여유도 풍요도 만들어지지 않는다.

여기서 일본인의 노동시간과 자유시간에 관해 검토하고자 한다. 왜냐하면 노동의 존재방식이야말로 생활의 존재방식을 좌우하고, 사람의 생활방식에 큰 영향을 미치기 때문이다. 그리고 또한 노동의 장은 사회의 축소판이기도 하다.

노동시간도 통근시간도 긴 일본

일본인의 노동시간은 1975년까지는 점차 줄어드는 경향을 보였다. 그것이 석유위기 뒤인 1974년을 경계로 다시 늘어나는 쪽으로 바뀌었으며, 1987년 제조업 노동시간은 2,150시간(종업원 5~29명의 소규모기업에서는 2,176시간)이었다. 서독보다 연간 약 5백 시간 길었으며, 미국과 영국보다 약 2백 시간 더 길었다. 특히 일본 특유의 휴일특근과 잔업 등의 추가 노동시간은 1974년에 비해 약 2배나 길어졌다.

일본기계금속노동자로 구성된 전금동맹이 1988년 8월에 발표한 『일·미·서독 기계금속노동자의 생활비교조사』에 따르면, 일본의 노동시간은 2,387시간으로 서독보다 736시간 길고, 미국보다 360시간 길다.

더욱이 일본의 경우 긴 노동시간에 긴 통근시간이 더해진다. NHK의 『국민생활시간조사』(1985년)에 따르면, 일본의 기업사회에서 생활하는 사람의 절반은 평일 아침 6시 30분에 일어나며, 7시가 넘도록 자는 사람은 8%도 되지 않는다. 아침 식사와 출근 준비는 오전 7시에 가장 많이 하며, 통근을 위해 오전 8시 전에 1/3의 사람들이 집을 나선다.

운수성의 『대도시교통센서스』(1985)에 따르면, 수도권의 통근시간(편도)은 평균 64분이며, 1시간 이상 걸리는 사람들이 절반을 넘는 56.3%를 차지하고, 1시간 반 이상 걸리는 사람도 19.4%나 된다. 또한 주쿄권(中京圈)과 긴키권(近畿圈)에서 편도 평균시간은 대략 63분과 60분이었다.

1986~88년은 수도권의 땅값이 2배 이상 폭등했으며, 그것이 지방에도 파급되어 근로자의 주택은 더욱 교외로 멀어졌고, 그 정도는 현재 더 심해졌을 것이다. 갈아타기 3회, 가는 데만 두 시간 이상 걸리는 수도권의 통근시간은 부동산 광고를 보더라도 이제 일상적인 것이 되어버렸다.

게다가 이러한 혼잡스런 통근시간은 제대로 숨쉴 수 없을 정도거나 발의 위치를 마음대로 바꿀 수 없을 정도로 지옥이다. 러시아워의 전차 속에 서 있는 사람의 에너지 소모는 중노동에 맞먹는다고 한다.[23]

여름에 차 안에서 밀리고 밀려서 땀에 젖은 살과 살이 서로 닿을 때의 끔찍함. 나는 유럽에서 '프라이버시의 하나는 다른 사람의 반경 50센티미터 안에 들어가지 않는 것'이라고 들었다.

『일본국유철도감사보고서』(1985년), 『도교통연보』(1986년)에 따르면, 도카이(東海)도선, 요코스카(橫須賀)선, 주오(中央)선 쾌속, 교힌도쿠(京浜東北)선, 도쿠(東北)선, 조반선(常磐)선, 다카자키(高崎)선, 소부(總武)선 등과 야마테(山手)선의 러시아워 혼잡율은 거의 250%에서 270%에 이른다.

1988년 3월 경제동우회가 실시한 '일본인의 풍요'에 관한 설문조사

23_ 역주 ─ 이반 일리치는 이러한 '출근노동'을 '주부노동'과 함께 현대 자본주의 사회의 대표적인 '그림자 노동'으로 파악했다. '그림자 노동'이란 이 사회를 유지하기 위해 반드시 필요한 노동이지만 실제로 노동으로 여겨지지 않고 있으며, 따라서 어떤 보상도 받지 못하고 오로지 노동자와 그 가족의 몫으로 전가되는 노동을 가리킨다(이반 일리히(1981), 박홍규 옮김(1988), 『그림자 노동』, 분도출판사).

결과에 따르면, 풍요로운 생활에 필요한 것(시간적 측면)을 묻는 회답에서 상위 3개는 (1)주휴 2일제 완전실시, (2)장기휴가 실시, (3)통근시간 단축이었다.

통근시간의 단축이 노동시간의 단축보다도 상위에 있는 것은 통근시간은 완전히 무의미한 소모이며, 나아가 잔업수당도 받지 못하기 때문이다.

여가개발센터 조사에 따르면, EC 9개국 통근노동자의 70% 이상이 집에서 일터까지 10킬로미터 이내에 살고 있다고 한다.[24]

일본과는 달리 통근시간이 짧고 노동시간도 짧은 서독에서는 1988년 기준으로 주 35노동시간을 내세웠다. 서독의 노동협약에 의한 협정노동시간은 주 39.4시간이며, 실제노동시간은 1988년 연보에 따르면 이미 주 31.3시간이다(일본은 주 43.3시간 노동). 또한 서독의 협정유급휴가는 30.3일이지만, 이것도 사실은 더 길다.

게다가 일본의 긴 노동시간은 통계학자 요코모토 히로시(橫本宏) 씨에 따르면, 노동시간의 산정방식이 달라서 선진국과 비교하면 실제로는 더 길다고 한다.[25] 왜냐하면 미국과 서독의 노동시간은 연차유급휴가와 병가도 유급 조건으로 지불노동시간이 되어 노동시간에 포함되지만, 일본에서는 휴게시간과 대기시간도 뺀 실제노동시간이기 때문이다.

또한 일본에서는 원칙적으로 종업원 30인 이상 사업장의 노동시간을 ILO 등의 국제기관에 보고하고 그것을 일반화하는데 비해, 미국과 영

24 _ 余暇開発センター, 『日本型休暇制の形態に関する調査研究, 委託調査結果報告』, 1980
25 _ 橫本宏, 「日本の労働時間の長さを短くみせるILO統計」, 『朝日新聞』, 1989年 1月 29日

국은 모든 규모의 사업장의 노동시간을, 서독과 프랑스는 10인 이상 규모의 사업장의 노동시간을 대상으로 한다.

일본에서는 모든 기업의 노동시간이 길며, 그 중에서도 중소기업이 가장 길기 때문에 그것을 뺀 노동시간의 평균은 실태를 반영하지 않는다.

『매월근로통계조사연보』, 갑조사(상용노동자수 30인 이상), 을조사(5~29인), 같은 연보의 특별조사(1~4인, 단 7월에 연 1회 조사)에 따르면, 총실제노동시간은 소규모 사업장일수록 길다(정해진 것 이외의 노동시간만을 보면, 소규모 사업장의 노동시간은 길지 않지만, 그것은 노사협약 또는 취업규칙으로 정해진 노동시간이 원래 길기 때문이다. 또한 하루의 노동시간으로 보면 짧아도 출근일수가 많으면 연간 총실제노동시간은 많기 때문에 노동시간은 연간 총실제노동시간으로 볼 필요가 있다).

1~4인의 소규모 사업장에서는 연간 총실제노동시간은 2,216시간, 5~29인에서는 2,176시간, 30~99인에서는 2,132시간, 100~499인에서는 2,107시간, 5백인 이상에서는 2,087시간이다.

1~29인의 사업장 수는 전 사업장 수의 95.8%. 노동자 수로 따지면 전체의 53.9%이다.[26]

전국건설관련노협의 「건강과 생활에 관한 조사」

노동시간에 한정되지 않고, 조사표와 조사방법까지 구체적으로 살펴보면, 통계숫자는 실태를 충실히 반영한다고 말할 수 없는 경우가 적지 않다. 그것만이 아니라 평균화된 숫자에 의해 실태에서 벗어나게 되고

26 _ 総務庁, 『事業所統計調査報告』, 1986

만다.

그래서 노동시간과 구체적인 노동이 노동자의 생활에 어떤 영향을 끼치는가를 보기 위해서는 거시적으로 평균화된 수치가 아니라 소규모라도 구체적인 사례가 그대로 반영된 실태조사를 볼 필요가 있다.

1984년에 전국건설관련산업노동조합협의회가 실시한 「노동조건이 노동자의 건강 및 개인생활에 끼치는 영향 조사」는 건강과 생활과 노동의 유기적 관계를 구체적이고 종합적으로 파악한 뛰어난 조사이다.

전국건설관련노협의 제2회 건강과 생활에 관한 조사[27]는 산업위생, 산업피로, 인간공학 전문가의 지도 아래 전국건설관련산업 노동자 8천 5백 명을 대상으로 이루어졌다(유효수 3,760명).

이 조사에서 분명해진 것은 장시간 노동, 특히 잔업이 얼마나 건강과 가정생활을 해치는가이다. 이 조사에서는 '풍요'의 대가로 '여유'를 제물로 바치지 않을 수 없었던 근로자의 생활이 구체적으로 이야기되고 있으므로, 사례로 조금 길지만 그 내용을 소개하고 싶다. "여유있는 삶을 찾기 위해 잔업한다"고 하는 가와야나기(川柳)를 비웃는 분위기에도 익숙해지지 않을 정도의 실태가 드러난다.

잔업, 휴일출근, 철야근무

노동기준법 제36조협정(삼육협정)에서 잔업시간은 1개월에 40~50시간까지로 정해져 있는데도, 이 실태조사에 따르면 그것을 넘어서는 경

---

27 _ 斉藤良夫他, 全国建設関連労協 「パパこっち向いて! 守られていますか, あなたの健康・あなたの家族」, 1985

우가 30%, 1백 시간을 넘는 경우가 8%나 된다.

1개월에 50~75시간 잔업을 하는 사람이 21%로 가장 많고, 다음에 45~50시간 잔업을 하는 사람이 많다. 평균적으로 남성은 54.1시간 잔업을 하고 있다.

더욱이 잔업수당을 받지 못한 사람, 즉 무급노동을 한 사람이 절반이며, 10시간 이상 잔업을 하고 수당을 받지 못한 사람이 1/4, 25시간 이상 잔업하고 마찬가지로 수당을 받지 못한 사람이 1/5이다. 1백 시간 이상이 되면 65%가 무급노동을 하게 되는 것으로 나타났다.

휴일출근을 하는 사람이 4/5이며, 월평균 2일 이상의 휴일출근을 한 사람이 2/3, 4일 이상은 1/3이다. 나아가 잔업과 휴일출근은 아이가 아직 어린 20대 말에서 30대 초 사원에 집중되어 있다.

잔업시간과 휴일출근은 정비례 관계로, 잔업시간이 20시간까지라면 휴일출근은 하지 않거나 하루 정도 더 일하지만, 잔업이 20시간을 넘으면 휴일출근도 2~3일이 되고, 잔업 75시간 이상이 되면 휴일출근은 4~5일이 된다. 잔업 125시간 이상이 되면 월 6일 이상의 휴일출근을 한 사람이 40%에 이른다.

휴일출근을 한 이유는 '매일 하는 잔업으로는 일이 끝나지 않기 때문'이라고 답한 사람이 81%이다.

출장일수는 1개월에 3일, 7일, 15일의 세 집단으로 나누면, 각각 거의 1/5씩의 사람이 해당한다. 12%나 되는 15일 이상이라는 사람은 가정생활과 건강에 미치는 영향이 걱정된다. 그것도 30대에 많다.

나아가 1/4의 사람들이 철야근무를 하고 있다(여자도 2%). 휴일출근과 마찬가지로 '철야횟수'와 '잔업시간'도 정비례하며, 잔업시간이 30

시간 정도면 거의 월 1～2회 철야근무를 하지만, 잔업 75시간을 넘으면 3～4회를 넘고, 1백 시간을 넘으면 5회 이상으로 된다. 잔업시간이 150시간인 사람들의 60%는 철야근무를 하고 있다.

유급휴가, 분주함, 안절부절못함, 보람

유급휴가 취득상황을 보면, 11～20일이라고 한 사람이 22.6%, 6～10일이라고 한 사람이 36.4%, 1～5일이 33%, 전혀 없다는 사람이 5.3%이다.

그렇지만 이 유급휴가를 어떻게 사용했는가를 물어보면, '병가'가 이유인 사람이 38.2%, '몸이 피곤해서 쉬지 않을 수 없었다'가 30.2%로 상위 세 항목까지가 휴식과는 관계가 없는 것에 사용되고 있다. 병가와 유급휴가를 별개의 틀로 다루면, 노동자의 건강을 지킬 수 없으며, 심신의 활력을 회복할 수도 없다.

매일의 업무의 분주함에 관해서는 남성의 60%가 '아주 바쁘다'고 답하고, 여기에 '약간 바쁘다'를 더하면 90%를 넘는다. 여성의 경우도 '아주'와 '약간'을 더하면, 80%에 이른다.

그것이 주관적 판단이 아니라는 사실은 '아주 바쁘다', '업무가 아주 많다'고 답한 사람의 잔업시간이 대단히 길다는 것으로 증명된다. 잔업시간이 20시간까지일 경우 '아주 바쁘다'고 답한 사람은 25%인데 대해, 잔업 40～45시간 이상이 되면 50%의 사람이 아주 바쁘다고 답하고, 잔업이 1백 시간을 넘으면 90%의 사람이 '아주 바쁘다'고 답하고 있다.

매일의 업무에서 안절부절못하는 경우가 많다고 답하는 사람은 1/3이며, 때때로 그렇다는 사람은 56%이다. 이 둘을 더하면 70～90%의 사람이 스트레스를 느끼면서 업무를 하고 있다고 생각할 수 있다. 더욱이 이 안절부절못함은 잔업 40~50시간을 넘으면 급격히 상승한다.

안절부절못하는 이유는 '언제나 시간에 쫓겨 업무를 하고 있기 때문'이 75%로 다른 이유들보다 특히 두드러지며, 효율성과 긴 노동시간이 사람들에게서 여유를 빼앗고 스트레스를 키우는 것으로 보인다.

안절부절못하는 원인은 '시간에 쫓겨서' 다음으로 '여러 종류의 업무를 동시에 해야 하기 때문' 48%, '잡무가 많아서 자신이 하고 싶은 일을 할 수 없기 때문' 42%로, 이 세 가지가 상위를 차지한다.

다음에 안절부절못할 때 어떻게 하는가를 물으니, '술을 마신다'가 54.7%(남자는 61.1%)이고, 다음은 '꾹 참는다'가 46.4%이다. 왠지 눈물겨운 해결책이라는 생각이 든다.

업무에 보람이 있다고 대답한 사람은 10%이고, 그저 그렇다는 사람이 절반을 넘는다. 보람이 없다는 사람이 30%인데 비하면 2/3의 사람이 그럭저럭 업무에 보람을 느끼고 있다. 그러나 잔업 40시간을 넘으면 업무의 보람을 급격히 잃고, 잔업 1백 시간에 이르면 보람을 완전히 잃어버린다. 잔업시간은 노동의욕을 잃게 하는데도 노동하고 싶지 않아도 하지 않으면 안 되는 상태의 스트레스를 술이나 꾹 참는 것으로 견디는 노동자의 모습이 떠오른다.

잔업의 영향을 특히 많이 받는 수면과 식사

그런데 노동조건, 특히 잔업의 영향을 크게 받는 수면과 식사의 상태는 어떨까?

수면시간은 '언제나 부족'하다고 답한 사람이 30%이며, '때때로 부족하다'는 사람을 포함하면 수면이 충분하지 않은 사람은 80%에 이른다.

취침시각이 '완전히 불규칙'한 사람은 20%, '약간 불규칙'한 사람을 포함하면 이것도 80%를 넘는다. '취침 간격'이 나쁘다는 사람도 마찬가지로 80%이다. 또한 50%의 사람이 '수면 상태가 나쁘다'고 답하고, '밤에 눈이 저절로 떠져 잠을 자려고 해도 잘 수 없다'고 답하는 것은 줄곧 일에 쫓겨서 심한 스트레스를 받고 있기 때문이라고 분석된다.

수면과 잔업의 관계를 보면, '수면부족', '나쁜 취침간격', '불규칙한 취침시간', 세 가지는 잔업시간과 명확한 정비례관계를 보인다. 잔업이 없는 사람의 수면부족은 12%이지만, 150시간 이상의 잔업에서는 87%로, 나쁜 취침간격은 19%에서 56%로, 불규칙한 취침은 6%에서 68%로, 각각 잔업시간이 늘어나는 데 따라서 7배, 3배, 12배가 되었다. 더욱이 그것은 잔업 30~40시간을 경계로 급격히 악화된다.

또한 문제는 저녁식사를 집에서 제시간에 먹는 사람은 18%밖에 되지 않고, '가족이 먹는 시간보다 늦다', '평일은 가족과 함께 하지 않는다', '외식으로 해결한다'를 합하면 모두 82%나 된다.

이것을 잔업시간과의 관계에서 보면, 잔업이 월 10시간까지인 경우는 '집에서 제시간에 먹는다'는 사람이 절반을 넘지만, 20시간이 되면 40%가 되고, 30시간이 되면 20%가 된다. 그 이상의 잔업시간에서는 거의 불가능하다.

'휴일을 빼고 가족과 함께 식사를 한 적이 없다'는 잔업시간이 길어지는 데 따라 늘어나서, 잔업이 40시간을 넘으면 휴일이 아닌 다른 날에 가족과 함께 식사를 하는 것이 불가능해진다. 평일에는 밤에 분명히 혼자 식사를 마칠 것이다. 그리고 잔업이 75시간을 넘으면 그것도 불가능해져서 외식으로 마치지 않으면 안 되는 상태가 된다.

가족과 식사를 할 수 없다는 것은 가족과 함께 제대로 생활하지 못하는 것이라고 단정해도 좋다고 생각한다.

귀가시간과 취침시간

귀가시간을 보면, 남성이 오후 9시～10시 사이, 여성은 오후 7시～8시가 가장 많다. 또한 밤 11시에서 새벽 1시까지 귀가하는 남성이 23.4%나 되고, 평균 귀가시간은 오후 10시 34분, 여자는 오후 8시 28분이다.

취침시간을 보면, 남성은 밤 12시～12시 29분이 30%이고, 그 전후 30분의 시간대를 포함하면 55%가 된다. 남성은 거의 밤 12시경, 여성은 11시경에 취침하고 있다.

귀가해서 취침하기까지의 시간은 남성이 1시간 20분, 여성이 2시간 40분이다. 기상시간은 남녀 모두 아침 7시에서 7시 40분까지의 사이에 절반 이상이 일어난다.

귀가해서 취침하는 시간 사이에 무엇을 하는가라는 질문에 대해서는 '텔레비전을 본다', '부부나 가족이 단란한 시간을 보낸다'는 답이 많다. 여성은 그 뒤 가사, 집안정리, 청소 등을 계속 한다. 평일에 남성이 가족을 위해 하는 일은 거의 없다.

주목할 것은, 아무리 늦게 귀가해도, 잠을 덜 자더라도, 사람은 귀가 후 한 시간 반의 시간을 필요로 한다는 것이다. 즉 근로자는 귀가해서 저녁을 먹거나, 텔레비전과 신문을 보거나, 목욕을 하거나, 부부가 이야기를 나누거나, 집안의 자질구레한 일들이며 여러 일상사를 하면서 '자기 자신을 차츰 회복시키는 최소한의 시간'을 보내고 있다는 것을 알 수 있다.

나 자신의 경험으로도 아무리 늦게 피곤한 몸으로 귀가해도 바로 취침해서 다음날 아침에 출근한 적은 없었다. 그렇게 해서는 사는 게 너무 재미가 없고, 인간다운 하루가 되지 못하기 때문이다. 집으로 돌아와서, 비록 한 시간 반이라도 집안일을 정리하면서 자기 자신을 되돌아본다는 것은 정말 몸으로 체험하는 사실이다.

그러므로 잔업시간이 길어지는 만큼 당연히 취침시간이 늦어진다. 잔업이 월 10시간이라면 밤 12시 이전에 취침할 수 있지만, 잔업 50~75시간인 경우는 12시 30분이 되고, 1백 시간을 넘으면 새벽 1시에서 2시가 된다. 즉 잔업이 월 30~40시간까지는 7시간의 수면시간을 확보할 수 있지만, 50시간을 넘으면 7시간이라는 벽을 깨고 5시간까지 줄어든다.

또한 잔업이 10시간을 넘으면 아이와 놀 수 없게 되고, 20시간을 넘으면 취미생활과 독서를 할 수 없게 되고, 50시간을 넘으면 '부부의 대화'도 없어지고, '텔레비전을 볼 수' 없게 된다.

단란한 가족생활과 아이와의 놀이와 가사돕기는 잔업 10시간까지가 한계이며, 그 뒤에는 가정생활을 제대로 꾸리기가 힘들다. 또한 인간답고 개성적인 시간인 독서와 취미를 위한 시간도 마찬가지로 급속히 줄어든다.

인간다운 생활을 하기 위해서는 잔업은 월 10시간이 한계

정리하면, 잔업이 생활에 미치는 영향은, 잔업이 전혀 없거나, 하다 못해 월 10시간까지라면, 단란한 가족관계, 부부의 대화, 아이들과의 대화, 놀이, 가사, 육아, 학습돕기, 취미 등 일상에서 다양한 활동을 자주 적으로 할 여유가 있다.

그러나 잔업시간이 그 이상 길어지면 육아와 가사가 우선 불가능해지고, 맞벌이 부부가 함께 꾸려가는 가족으로서의 의무와 협력도 제대로 할 수 없게 된다.

일본의 기업은 가사와 남편 챙기기를 한꺼번에 떠맡은 여성이 가정에 있다는 것을 전제로 해서 사원을 고용하기 때문에, 모든 것을 떠맡은 전업주부가 없다면, 기업전사의 생활은 성립할 수 없다.

잔업 때문에 귀가시간이 늦어지면, 가사는 어떻게 해도, 아이는 이미 잠들어 있다. 잔업이 월 20~30시간인 사람의 귀가시간은 오후 9시이며, 최근 통근시간의 악화는 귀가시간을 더욱 늦추고 있다. NHK조사에서는 3세 이하인 유유아(乳幼兒)의 거의 전부, 또한 3세 이상 보육원아의 2/3가 9시 정도에는 잠을 자고 있기 때문에, 부모와 아이는 서로 얼굴을 볼 수 없다. 초등학생의 취침시간은 평균 10시다. 중학생 이상의 아이는 이미 공부에 매달리고 있어서 식사시간을 빼고는 대체로 얘기를 나눌 수 없다.

가족의 일원으로서 또는 가정의 중심 역할을 맡은 자로서, 또한 아이의 교육을 책임진 자로서, 또는 노부모님을 돌봐야 하는 자로서, 이것들을 제대로 이끌어갈 가능성은 이렇게 해서 거의 없어진다.

NHK 조사에 따르면, 주부의 취침시간은, (유유아를 안고 있으면, 한밤과 새벽에 일어나기 때문에) 10시 반에 35%, 11시에 약 50%, 11시 반에 80% 가까이 취침한다. 부부가 대화를 하기 위해서도 잔업은 없어지지 않으면 안 된다.

텔레비전도 밤 11시를 넘으면 스포츠 뉴스 정도나 하며 교양과 정치 사회 프로그램은 줄어든다.

이렇게 보면, 원래 긴 노동시간에 잔업이 더해지고 통근시간이 힘들어지면서 가정생활의 따뜻한 인간관계는 사라지고, 정신적으로 따분한 근로자의 인생이 이어진다는 것을 알 수 있다.

정신적 일체감을 상실하다 __ 위기감을 안고 사는 아내들

그런데 배우자는 이러한 생활을 어떻게 생각할까? '자신의 건강에 더 신경쓰고 싶다'가 90%를 넘어서 건강에 대해 강한 불안을 가지고 있는 것을 알 수 있다. 또한 '아이와 접촉을 더 하고 싶다' 89%, '가족의 단란함을 즐기고 싶다' 88%, '가족이 함께 외출하고 싶다' 88%, '부부가 충분히 대화하고 싶다' 89%, '가족과 대화하고 싶다' 85%, '아이를 제대로 돌보고 싶다' 70%, '교육에 더 신경쓰고 싶다' 68% 등으로 이어진다. 가족과 충분히 여유롭게 접촉하고 마음의 교감을 원하고 있다는 것을 알 수 있다. 이것은 일을 하고 있는 본인의 불만(남편, 아버지로서의 역할을 다하지 못한다)과 일치한다.

또한 배우자의 감정 면에서는 '외롭다고 느낀다' 50%, '어떻게 해야 좋을지 모르겠다' 40%, '더는 참을 수 없다고 생각한다' 37%, '소외되어 있다고 느낀다' 31% 등, 아버지와 남편으로서의 역할에 대한 불만이라기보다 오히려 이러다가 부부관계가 무너질지도 모른다는 느낌이 든다.[28] 즉 부부의 정신적 일체감이 상실된 모습을 볼 수 있다. 이 위

....

28 _ 역주 — 1990년대 중반을 지나며 일본에서 새로운 사회문제로 크게 떠오른 이른바 '황혼이혼'은 이러한 구조적 문제의 한 결과라고 할 수 있다.

기감도 잔업시간의 길이와 완전히 정비례해서 잔업이 월 50~75시간, 즉 휴일출근 4~5일 정도면 아이와의 생활이 사라지고, 잔업시간 1백 시간이 되면, 외롭다. 혼자 떨어져 있다. 더 참을 수 없다. 어떻게 해야 좋을지 모르겠다 등 아내의 감정이 급격히 악화되고, 부부의 정신적 일체감에 확실히 위기가 찾아온다.

회복하기 힘든 피로에 약을 늘 먹다

일이 끝난 뒤의 피로에 관한 질문에는 '피로가 약간 심하다'가 40%이고, '매일 아무것도 할 기력이 없을 만큼 피로하다'도 40%를 넘어서, 피로하지 않다는 사람은 15%밖에 없다. 더욱이 매일 아무것도 할 기력이 없을 만큼 피로하다는 사람은 25~34세가 가장 많다.

나아가 31%의 사람이 피로가 사라지지 않는다고 호소하고, 아침이면 괜찮다고 답한 사람은 20%이다. 한창 일할 나이의 사람들이 겪는 격심한 피로도와 회복의 곤란도가 보여주듯이, 그 원인 또한 장시간 잔업에 있다. 즉 잔업시간이 길어지는 만큼 가속적으로 피로의 정도가 커지며, 나아가 휴일에 피로를 회복하는 것도 곤란해지기 때문이다.

그런 사람들 중에는 '의사의 진찰을 받지 않았지만 아무튼 좋지 않다'가 44%, '의사의 진찰을 받고 있다'가 14%이다. 그리고 잔업시간이 길어지는 것에 따라서 '의사에게는 진찰받지 않았지만 아무튼 좋지 않다'는 사람의 비율이 기하급수적으로 증가하고 있다.

피로의 자각증상에는 '눈이 침침하다'가 40%, '어깨와 목이 언제나 뻐근하다'는 사람이 60%여서, 눈과 어깨와 목의 피로는 정신적 긴장의 격심함을 반영한다고 분석할 수 있다. 특히 여성의 VDT노동[29]에서 이런 호소가 많다.

사용하고 있는 약은 위장약이 34%로 가장 많고, 안약이 27%, 연고 17%, 종합건강약 16%로 1인당 평균 1.3종의 약을 상용하고 있다. 나이별로 보면, 종합건강약과 연고는 나이가 많을수록 많아지지만, 위장약과 피로회복제는 잔업이 많은 25～35세의 사용이 가장 많다.

그런데 건강을 위해 무엇을 하는가라고 물으면, '잠을 충분히 잔다' 30%, '스포츠' 29%, '식사', '산책' 등이 각각 15%이다.

여기서 놀랍게도 건강을 위해 '잔업을 줄인다'고 답한 사람은 11% 밖에 없다. 뒤에서 보듯이, 잔업을 원하지 않는데도 자신의 업무를 끝마치기 위해서는 방법이 없다거나 또는 주위 동료와의 관계를 좋게 유지하기 위해서는 어쩔 수 없다는 것이다. 이것은 잘못 하면 상사에게 찍힌다는 일본 특유의 생각이 스며들어 있기 때문일 것이다.

거부하기 어려운 잔업

그런데 일본의 기업에는 조합이 노동법 36조 협정을 맺으면 개인은 반대한다고 해도 잔업을 거부하기 어려운 풍조가 있다.

예컨대 히타치(日立)제작소 무사시(武藏)공장에서 일했던 다나카 히

---

29 _ 역주 — "컴퓨터 스크린에서 방사되는 X선과 전리방사선 등의 해로운 전자파가 유발하는 두통, 시각장애 등의 증세. 컴퓨터단말기증후군이라고도 한다. 사무자동화로 퍼스널컴퓨터, 워드프로세서, 워크스테이션 등 브라운관이 부착된 VDT가 많이 사용됨에 따라서 이 컴퓨터 등의 디스플레이를 장시간 보면서 작업하는 사람들은 눈이 피로해지거나 침침해지며 또는 아프거나 시력이 떨어지는 등의 여러 증세와, 머리가 아프거나 무거워지는 증세, 그리고 구토와 불안감 등 전신에 걸친 증세가 나타난다."(네이버 백과사전).

데유키(田中秀幸) 씨는 21년 전에 단지 잔업거부를 한 번 했다는 이유로 징계해고되어 현재 재판을 하는 중이다.

다나카 씨의 경우 종료시간 직전에 잔업을 명령받았고, 그날 이미 바꿀 수 없는 약속이 있었기 때문에 이것을 거부했다.

회사 쪽은 계약을 맺었기 때문에 개인 사정으로 잔업명령을 거부할 수는 없고, 또한 본인이 '거부할 수 있다는 생각'을 계속 하고 있기 때문에 해고한다고 말했다. 다나카 씨는 당시 잔업거부에 대해 2주간의 출근정지처분을 받았지만, 개인 사정이 있는 경우는 잔업명령을 거부할 수 있다는 생각을 가지고 있기 때문에 해고되었던 것이다. 개인의 생활권과 사상과 양심의 자유는 기업에서 전혀 인정되지 않는다. 일하는 시간만이 아니라, 생활 전체, 인생의 목표 전체를 기업에 바치지 않으면, 근로자의 생살여탈권은 회사가 쥐고 있는 것[30]이다(이 재판은 1심에 이겼지만 2심에서 패했으며 최고심에서 심리 중이다).[31]

----

30 _ 역주 ― 이런 '회사사회' 문제에 주목해서 역자는 오래 전에 『회사 가면 죽는다』는 제목의 책을 기획해서 펴냈다(『회사 가면 죽는다』, 조봉진·홍성태 기획, 현실문화연구, 1994). 회사는 현대 사회의 핵심적 조직체이다. 이런 회사가 사회 속의 존재로서 책임을 망각하고 오로지 이윤에만 몰두한다면, '회사사회'에서의 삶은 대단히 고통스러운 것이 될 수밖에 없다. 궁극적으로 회사는 소유자와 경영자의 이익이 아니라 사회의 발전을 위해 존재하는 것이다.

31 _ 역주 ― "다나카 히데유키는 1941년생. 그의 말에 따르면, "19세에 노조평의원으로 당선되었을 때 70여 명의 임시직 해고자와 내가 전혀 싸우지 않는 노조평의원에서 문제를 제기했기 때문에 임금차별을 받았으며, 26세 때에 임시직과 여직원 2명의 부당해고를 철회시키기 위한 재판에서 증언을 했기 때문에 그 직후에 히타치는 활동가 배제를 목적으로 1회뿐인 잔업거부를 구실로 나를 해고했다"고 한다. 1991년 10월 최고재판소는 노사협정의 범위 내에서 잔업명령을 따르지 않으면 안 된다는 결정을 내렸다. 나아가 유급휴가의 취득기간에 관해서도 회사 쪽의 재량권과 시기변경권을 판결로 인정했다. 이 판결에 대해, 국내외를 막론하고, 취업규칙을 회사 쪽에 유리하게 체결하면 사정에 따라 잔업을 할 수 없는 경우에도 무리하게 일을 시킬 수

그 밖에 세 명의 어린아이를 기르고 있으며 아내도 일하고 있기 때문에 단신부임을 단념해서 해고될 처지에 놓인 남편이 울면서 마지못해 회사의 요구에 응한 예 등(데이코쿠조키(帝國臟器)제약의 가와구치 하루오(川口晴男) 씨는 '아버지가 아이를 기를 권리, 부부가 공동생활을 할 권리'를 주장해서 재판 중이다)[32] 노동자 쪽에 처음부터 생활 전체를 회사가 장악하고 있다며 체념하고 있다.

이러한 회사인간을 당연히 여기는 사회에서는 그것에 과잉적응하여 스스로 일중독이라며 자랑하는 사람이 나타난다.

잔업거부의 경우와는 반대로, 몸바쳐 봉사하거나 과로하는 사람은 회사에서 총애를 받지 문책을 받지 않는다. 출세의 길은 타인보다 일찍 출근하고 늦게 퇴근하며 유급휴가도 받지 않는 것이라고 아직도 이야기된다.

있게 되며, 장시간노동과 해고의 남용이 횡행할 것이라는 비난의 목소리가 일어났다. 2000년 9월 히타치와의 사이에서 직장복귀는 인정하지 않고 히타치 쪽의 책임을 인정하는 형태로 화해 협정이 체결되었다. 이 사건은 일본의 대기업이 이유가 불충분한 해고와 음습한 차별이라는 부당한 수단을 사용해서 노동자를 지배하고 있는 실태를 세계에 알린 것으로 평가되고 있다'(『ウィキペディア(Wikipedia)』, ja.wikipedia.org)

32 _ 역주 ― "가와구치 부부는 같은 회사에서 일하다 결혼했다. 회사는 이 결혼을 계기로 부인에게 은근히 사직을 권했다. 그러나 부부는 그냥 계속 일하면서 세 명의 아이를 낳았다. 그러자 회사는 1985년에 갑자기 남편에게 전근을 명령했다. 이에 대해 부부는 소송을 제기했다. 가와구치 씨는 '아버지는 아이를 기를 권리가 있다', '아이는 아버지에게 길러질 권리가 있다'고 주장했다. 그러나 1993년 동경지재는 어린아이들이 있다고 해도 종신고용제에서 전근은 불가결한 인사관리책이라는 회사 쪽의 주장을 거의 그대로 대변하며 가와구치 부부의 청구를 기각했다."('父の育児權利', 『お―い! 父親』 2000年 11月 7日, www.ikuji―hoiku.com/other_titioya/titioya001107.htm). 이 사건도 개인의 행복권을 제대로 인정하지 않는 일본의 후진성을 잘 보여주는 사례로 여겨진다.

전쟁 중 충군애국이 칭송되던 시대에는 스스로 특공대를 지원하는 사람들이 있어서 본인도 주위의 사람도 그것을 미담으로 여겼던 것을 생각하면, 기업에 대한 이러한 멸사봉공도 있을 수 있는 일이라고 이해할 수 있다.

우울증이나 신경증에 걸린 사람들에게 일중독이 많다는 사실은 여러 차례 들었지만, 인간의 본성에 반한 과잉적응은 어떻게 해도 오래 지속되지 않는다. 그 결과는 노후생활을 보면 분명해진다. 지역사회와 가정생활에서의 고립, 마치 산업폐기물처럼 자기 자신의 내부에서 인격을 풍부하게 기른 적이 없어 느껴지는 공허, 인생의 목표는 기업이윤에 봉사하는 것뿐 사회를 위해 정말로 애썼는가라는 회한, 노년이 되어 아내 쪽에서 신청하는 이혼.

사람은 나약한 존재이므로 자기 자신을 잃지 않기 위해 확고한 가치관을 가지고, 나아가 동료들과 연대하지 않으면, 억제력을 잃고 자기를 잃은 자가 지니는 '불안에 휘말린 능동적 허무주의'에 빠진다. 인권을 주장하기보다도 회사인간이 되는 것에서 자신의 삶을 찾아내려고 하게 된다. 또는 자기 자신의 인생에서 즐거움이 없으므로 시키는 일을 처리하는 것을 삶의 보람이라고 믿으려 한다. 일을 하며 자기를 잊으면 다른 것을 생각하지 않게 되며, 가족을 돌보기 위해서라는 변명도 할 수 있다. 나 자신을 돌아보더라도 여러 면에서 합리와 불합리가 뒤엉켜 밀려드는 생활에서 그것들을 처리하는 어려운 일보다도 한 가지 한정된 전문 분야에 몰두하는 쪽이 훨씬 좋다고 고백하지 않을 수 없다.

일본 사회에서는 주위에 잘 보이고 싶기 때문에 자기희생과 자기현시가 희생적 정신으로 평가된다. 그 때문에 진정한 자신의 욕구와 마주하는 것을 피하고, 일벌이라는 것을 자랑스럽게 생각하는 나르시시즘에 빠진 사람이 수없이 많다. 그런 사람들은, 정말로 사회를 위해, 세계시민으로서, 보답을 바라지 않는 행동을 해야 할 때가 되면 냉담해진다.[33]

그뿐만 아니라 생활을 중요하게 여기는 사람을 게으른 사람으로 여기는 풍조는 곤란하다. 생활과는 거리가 먼 사람의 판단력 등은 분명 병적으로 빈곤할 뿐이기 때문이다.

나는 인간으로서 노동이 가진 중요한 의미를 결코 부정하려고 하지 않는다. 자연과 인간의 영원한 물질대사, 자신의 능력발달, 새로운 발견, 동료와의 협동과 연대, 이러한 것들이 노동과 관계되며, 생활방식을 결정한다.

그러나 현재의 노동과 같이 인간이 다함께 살아가는 것을 부정하고, 인간과 인간의 연대가 기업영리에 봉사할 뿐이며, 가족과 지역사회에서 배제되고, 자연과 대립하는, 이러한 노동은 상품을 생산하는 의미에서의 풍요와 연결될지 모르겠지만 진정한 풍요와는 크게 차이가 난다.[34]

---

33 _ 역주 ─ 2007년 4월, 오사카행 JR 특급 열차 화장실에서 22세의 젊은 여성이 36세의 남성에게 30분 동안 성폭행당하는 끔찍한 사건이 벌어졌다. 당시 그 여성이 타고 있던 열차에는 20명이 넘는 승객들이 있었으나 화장실로 끌려가며 울부짖는 여성을 구하려 하기는커녕 차장에게 알린 승객조차 없었다. 놀랍게도 범인은 2006년 말에도 똑같은 방식으로 하루에 두 건의 성폭행을 저질러서 재판을 받는 중이었다. 이런 예에서 잘 드러나듯이 흔히 일본인은 '차갑다'는 평을 받는다. 그러나 엽기적 범죄를 방조하는 '차가운 일본인'이라는 문제는 일본형 회사사회와 같은 구조적 문제와 밀접히 연관되어 있는 것이다. 그 뿌리는 '주군'의 명을 따르지 않으면 가차없이 목을 베던 전근대 '사무라이 사회'이다. '사무라이 사회'에서는 '주군과 나'의 특수관계가, '회사사회'에서는 '회사와 나'의 특수관계가 '나'를 규정한다. 두 경우 모두 인권과 같은 보편윤리가 아니라 오히려 그것을 억압하고 왜곡하는 특수관계가 지배력을 행사한다.

본인과 가족은 잔업을 어떻게 생각하는가

그런데 앞에서 말한 피로와 건강악화의 원인인 잔업을 본인들은 어떻게 생각하는가? '평일의 잔업은 그만둘 수 없지만 휴일에는 출근을 하고 싶지 않다' 35%, '휴일도 평일도 잔업을 하고 싶지 않다' 28%, '지금 상황에서는 그만둘 수 없다' 26%이며, '수입이 늘어나기 때문에 더 잔업하고 싶다'는 3%밖에 되지 않는다.

그런데 어떤 때 충실감을 느끼는가라는 질문에 '취미와 스포츠에 열중하고 있을 때' 59%, '여유있게 쉬고 있을 때' 45%로 '일에 몰두하고 있을 때' 33%를 훨씬 넘어선다.

끝으로 일하고 있는 사람과 그 가족의 의견을 소개하고자 한다.

'어떻게 해도 잔업하지 않으면 안 될 만큼 일이 많아서 곤란하다. 그러나 기본급이 너무 적어서 잔업수당을 받지 않으면 안 된다.'

'나와 같은 일을 하는 사람은 모두 오래 살 수 없다고 아내가 말하는 것에 동감한다.'

'가족이 모두 모여 식사할 수 있는 기회가 주 3회 정도뿐이라는 현실은 참 쓸쓸합니다. 심지어 가정이 무너지기도 합니다. 이야기를 하지 않으면 사람과 사람의 이해는 불가능하기 때문입니다.'

'잔업은 건강의 문제를 일으키지만, 더 큰 문제로 개인의 자유를 구속한다는 점을 들 수 있다. 명목상 잔업은 자유의지로 하는 것으로 되어 있지만, 실질적으로는 부여된 업무의 양에 의해 구속된 상태(잔업을 하

34_ 역주 ― 한국의 경우는 어떤가? '노동운동의 위기'를 넘어선 '노동운동의 타락'이 심각하게 운위될 정도이다. 노동자의 각성과 노동운동의 개혁은 이미 절실한 과제이다.

지 않으면 처리할 수 없다)이다. 하루에 12시간 이상 일을 하고, 귀가 후
에는 식사를 하고 잠을 잘 뿐인 생활은 도대체 문화적 삶이라고는 말할
수 없다.'

'주인[35]은 매일 잔업으로 새벽 1시 반에 귀가하고, 더욱이 일요일도
출근하거나 집에 일을 가지고 와서 처리한다. 매일의 생활에서 일이
95%를 차지한다. 가족을 생각하기는 하지만, 실제로는 자신의 생활마
저 뜻대로 되지 않는다. 요즘은 피로해서 화를 잘 내고, 나도 예민한 상
태이다.'

'1월에서 3월에 걸쳐 매일같이 밤 12시쯤 귀가하고 휴일도 거의 없는
상태였다. 그래서 건강도 나빠졌다. 건강한 생활을 꾸려가고 있다고 생
각하지 않는다. 일이 가장 중요하다는 일반적인 사고방식이 변하지 않
으면 끝나지 않는다고 생각한다.

핵가족화하는 오늘날, 아버지로서, 한 인간으로서, 가정에서 아주 중
요한 역할을 맡고 있다. 아이와의 관계를 제대로 지키지 못하게 되었다.
대단히 슬픈 상황이다.'

'지금의 상태로는 병에 걸려도 쉴 수 없으며, 볼 일이 있어도 시간을
낼 수 없다. 나로서는 아이가 아플 때는 일찍 귀가하고 싶다.'

그밖에 아내가 임신하고 있거나 가족에게 불행한 일이 있을 때도 출
장을 가는 등, 비인간적 생활을 그만두지 못한다고 생각하는 아내의 의

---

35 _ 역주 — 일본의 '가부장 문화'를 보여주는 표현. 2차대전 이후 민주개혁이 이루어지기까지 일
본은 '이에(家)'제'라고 불리던 강력한 '가부장제'를 시행하고 있었다. 이 제도에서 가부장은
한 가정의 재물뿐만 아니라 가족까지도 소유물처럼 다룰 수 있었다. 말 그대로 '주인'으로 군
림했던 것이다.

견이 많이 적혀 있다.

모든 산업에 공통적인 노동 실태

그런데 이러한 근로자의 생활은 일본에서 아주 특수한 예일까? 모든 사람이 이러한 생활을 하는 것은 아니라고 해도 우리 주위에는 유사한 모습을 많이 볼 수 있다. 은행, 자동차 관련 산업, 출판사, 신문사도 모두 같은 상황이 아닐까? 보자기에 일을 싸서 집으로 가지고 가고, 그저 잔업을 하는 '보자기잔업' 이라는 말도 일반화되었다.

쇼가쿠칸(小學館) 노동조합이 1984년에 작성한 '시간 외 노동과 건강상태 설문조사' 보고서[36]를 보면 출판사, 잡지사, 광고회사 등이 아주 비슷하게 모두 월 40~70시간 잔업이 가장 많고, 심야에 퇴근하는 경우도 한달에 3~5일이 21%, 6~9일이 16%, 10~15일이 22%, 16일 이상이 11%로 되어 있다. 연차휴가도 5일까지와 10일까지에 집중되어 있다.

노동과학연구소가 행한 전기노련(電機勞連)의 생활시간조사 분석[37]도 거의 같은 결과를 보여준다.

기상이 오전 6시 반, 집을 나서는 것이 거의 7시, 회사에 도착하는 것이 8시, 퇴근이 오후 7시 40분, 귀가가 9시, 취침이 11시 반이다. 주노동시간은 51시간, 1일 노동시간은 9시간 46분이다. 공식규정인 주40시

36 _ 小学館労働組合, 『'私たちの健康を考えよう' 第1回 時間外労働および健康状態のアンケート報告書』, 1984

37 _ 鷲谷徹他, 『現代人の労働と生活時間構造』, 労働科學研究所, 1986

간노동에는 멀리 떨어져 있다.

인간의 본성에 반하는 야근과 심야노동

이러한 노동의 양상에 대해 노동과학연구소의 사카이 가즈히로(酒井一博)씨는 최근 다시 야근교체제가 계속 늘어나서 일하는 사람의 건강과 생활에 커다란 영향을 미치고 있다고 지적했다.[38]

야근이 늘어나는 이유는 첫째로 ME(마이크로일렉트로닉스)화에 따라서 산업로보트와 FMS[39]가 채용되어 조립형산업에서 24시간조업을 하게 되었고, 그 결과 종래 심야작업을 하지 않았던 자동차산업과 전기산업에서 24시간노동을 하는 것이 당연해졌다.

둘째, 서비스업의 야근, 교체제로 파트타임과 아르바이트 학생 이외에 가족을 동원한 야근, 교체노동이 행해지고 있다는 것이다. 그렇지만 그 실태는 거의 파악되지 않고 있다(우리 학교 학생들의 이야기에 따르면 출판, 인쇄, 운수에서도 철야 아르바이트가 행해지고 있다고 한다).

심야근무와 철야노동은 노동시간의 단축이라는 양의 문제만이 아니라 '노동의 질의 문제'이다. 병원과 보안상의 심야근무는, 어쩔 수 없지만, 밤중에 할 필요가 없는 노동을 자본의 효율 때문에 강요하여 인간의 건강과 생활에 커다란 문제를 일으킨다. 그런 정도로까지 이윤과 경제 효율을 얻을 필요가 있을까?

왜냐하면 야근의 영향은 늘 생기게 마련이므로 차상의 야근은 있어도

---

38 _ '労働時間のあり方を考えるシンポジウム', 労働時間問題研究会, 1986
39 _ Flexible Manufacturing System. '유연생산시스템' 등으로 옮기기도 한다.

최상의 야근은 있을 수 없기 때문이다. 야근을 한 결과, 몸의 리듬이 깨지고, 피로는 심해지고, 건강, 가정, 사회생활은 파괴된다. 인간은 본래 주행성동물이어서 아무리 노력을 해도 야행성동물로 바뀔 수는 없다는 것은 의학적으로도 확실히 증명되었다.

인간에게는 생리적인 리듬(사카디안 리듬)[40]이 있어서 밤에 일하려면 생리기능이 크게 저하되는 것을 이겨내야 한다. 그 때문에 피로가 아주 심해진다. 야근하고 낮에 자면 깊은 수면(徐波睡眠)[41]을 취할 수 없어서 도중에 눈이 떠지고 지속되는 수면시간이 짧은 등 수면의 질이 나빠진다. 그 결과 피로는 회복되지 않고 병에 대한 저항력도 약해진다.

야근을 아무리 반복해도 익숙해지지 않으며 인간에게 밤낮이 뒤바뀌지는 않는다고 한다.

이런 것들은 생활 전체적으로 본인의 건강에도 만성피로가 쌓이게 되므로 좋지 않지만, 부부관계, 자식과의 관계, 사회생활 등 인간을 지탱하는 생활 전반에 악영향을 대단히 크게 미치며, 그런 점에서도 본인의 정신적인 안정은 매우 훼손된다.

확산되는 스트레스성 질환과 과로사

앞에서 본 것과 같은 노동방식의 결과로 최근 과로사 문제가 크게 떠오르게 되었다.

---

40 _ 역주 — 모든 생명체가 가지고 있는 생체리듬. 이 때문에 사람은 밤에는 자야 하며, 또한 낮에도 휴식을 취해야 한다.

41 _ 역주—slow-wave sleep. 수면의 80% 정도를 차지하는 깊은 잠. 또한 사람의 야간 적정수면시간은 7~8시간 정도이다.

영자신문은 Karoshi[42] 또는 Death from Overwork라는 말로 일본사회의 어두운 부분을 상징하는 사회현상이라고 보도하고 있다. 1988년 11월 13일자《시카고 트리뷴》지는〈일에 살고, 일에 죽는 일본인〉이라는 제목으로 과로사한 노동자를 '일본의 기업군대를 편성하는 수백만의 일원으로 회사가 제일, 가정은 최후, 병과 피로로 회사를 쉬는 날은 하루도 없고, 더 일하자며 계속 달리는 기업들에 만연하고 있는 불가해한 돌연사의 희생자'라고 쓰고 있다.

그렇지만 이 과로사는 국립공중위생원의 우에하타 데츠노조(上鐵之丞) 씨에 따르면 그가 상담한 52건의 사례 중 90%인 48명이 30~54세이며, 뇌혈관 질환이 36명, 심장 질환이 16명이다. 직종은 관리직 7명, 전문적 기술노동자 15명, 운전노동자 9명, 야근교대노동자 11명, 기타 등으로 되어 있다.[43]

그리고 질환이 발병되기 전에는 '장시간노동, 휴일 없는 노동, 심야근무의 증가와 작업상의 책임부담, 출장기회 및 작업밀도의 증대 등, 만성 또는 급성 반복성 스트레스의 증가가 발병 전에 눈에 띄게 발견되었다'고 한다.

또한 스트레스 질환노재연구회의 연구지《스트레스 노재연구(ストレス勞災硏究)》(1989년 6월 호)에서 다타이 기치노스케(田多井吉之介) 씨는 예방과 개선이 어려운 스트레스의 하나로 커다란 조직에서 자신의 역할을 실행하는 목적과 정보가 불명확하거나 부적당한 것을 들면서,

42 _ 역주— '카로시'는 '과로사'의 일본식 발음
43 _《勞働科學》, 56卷 6号

'역할의 애매함' 이 일에 대한 만족도를 저하시켜 스트레스를 심하게 한다고 쓰고 있다.

이 역할의 애매함은 정보화사회가 진전됨에 따라 급속히 사회 전체로 확산된 컴퓨터노동에도 들어맞는다. 이 노동에 종사하고 있는 많은 여성은 아마도 일의 전체 구도를 알지 못한 채 잘게 잘린 부분적 정보들을 이어맞춰서 처리하는 것으로 생각되기 때문이다. 그 결과 컴퓨터노동자에게 작업상의 피로와 겹쳐서 정신적 스트레스를 호소하는 사람들이 많다. 이것도 또한 노동의 질 문제이다.

앞의 《스트레스노재연구》에서 스미오카 다카시(墨岡孝) 씨는 컴퓨터노동에 의한 스트레스를 분석해서 다음과 같이 말하고 있다.

서구에서는 직장에 컴퓨터를 도입할 때 노사 간의 협약을 통해 진행되어왔지만, 일본에서는 그렇게 하지 않고 서구의 3배의 속도로 컴퓨터화가 이루어졌다.

컴퓨터 화면의 깜빡이는 플리커(flicker) 현상과 데이터를 읽고 답을 하기까지 기다리는 응답시간이 노동자의 신경을 피로하게 하기 때문만이 아니라, 컴퓨터를 도입하면서 효율화하기 어려웠던 사무부문의 효율화가 크게 요구되어 실수와 오류와 비효율에 대해 강력한 관리지도가 이루어지게 되었다.

그 때문에 정신적 스트레스가 심해지고, 우선 눈이 피로해지며, 이어서 육체적 피로가 찾아와 기분전환을 할 수 없게 되어 레저와 스포츠마저도 피로의 원인이 되어버렸다. 그 결과 밤에 잠을 잘 수 없게 되어 가정생활이 잘 이루어지지 않고 과로와 노이로제 증상이 나타난다.

이 경우 노이로제는 개인의 성격과 살아가면서 일어나는 일들 때문에 생기는 것이 아니라, 직업환경에서 일어나는 것으로 개선하기도 어렵다. 더욱이 컴퓨터노동은 기계와 인간의 관계에서 이루어지다보니, 인간과 인간의 관계가 줄어들기 때문에, '시스템에 짜맞춰져서 기계에게 이용된다', '일의 양이 늘고, 기준업무량이 많다', '대인관계가 적다', '작업이 단순하므로 오류와 실수가 허용되지 않는다' 등을 호소하는 경우가 많다. 그리고 신경증과 그것에 가까운 증상을 가진 사람들이 일반 사무직보다도 4～5배나 많다.

처음에 기업에서는 컴퓨터를 도입하면 업무시간을 단축하고 여유를 늘릴 수 있을 것이라 예상했다. 그러나 현실은 합리화와 생산성의 향상을 위해 노동의 밀도나 잔업이 늘고 있다. 더욱이 인격과 정서에까지 영향을 미치고, 모든 것에 대해 빠른 결론을 내리고, 흑백이 분명하지 않으면 받아들이지 않는 성격의 인간을 만들어내고, 가족과의 관계에서도 문제를 생겨난다고 한다.

이러한 상태를 보면, 많은 사람들이 과로사할 지경에 이른 것은 아닌가 하는 생각이 든다. 과로사하는 사람들의 생활방식에서 보이는 공통점은 주 70시간 이상의 과중노동, 심야노동, 접대와 휴일출근, 일손부족, 출장과다 등이며, 몸의 상태가 좋지 않아도 '바빠서 병원에 갈 틈이 없다', '대신할 사람이 없어서 병원에 갈 수 없다'고 말한다. 더욱이 이러한 과중노동이 옛날 일이거나 승진에 대한 야심에서 비롯되는 미국형일이 아니라 오히려 업무에 대한 강요된 의무감에서 비롯된다는 것이 현재의 일본의 특징이라고 한다.

스트레스질환노재연구회 운영자인 오카무라 사카노부(岡村親宜) 씨는 앞의《스트레스노재연구》머리말에서 다음과 같이 말하고 있다.

과로사는 과로에 의해 인간의 생체리듬이 깨지고, 생명유지기능이 파탄에 이른 치명적인 극한상태를 말하며, 스트레스 질환 중 죽음에 직면하는 가장 중증인 질환이며, 본래 인간사회에 있어서는 안 되는 것이다.

그러나 과로사의 사회적 정착화의 배후에는 일본사회의 장시간 · 비규제 · 과밀 · 반생리적 노동의 확산과 심화가 자리잡고 있으며, 과로사가 드물고 예외적인 것이 아니라 보편적으로 존재하며, 그 예비군이 무수하다는 공통인식이 형성되어 있다……

노동은 본래 생활을 풍요롭게 하고, 인간을 행복하게 하기 위해 있어야만 하며, 사람을 죽음으로 몰아넣고, 가족에게는 가늠할 수 없는 슬픔과 고통을 안겨주는 것은 범죄와 마찬가지로 허용될 수 없다.

지금 과로사는 특별하지 않으며, 여러 직장에서 볼 수 있는 일본만의 직업재해가 되었다. 초 · 중 · 고등학교 교사, 경리직, 영업직, 트럭과 택시 운전기사, 역무원, 시과장 보좌관, 판매직, …… 과로사 110번에 문의하거나(1988년 약 1백 건, 1989년은 5월까지로 1천 건), 노기서(勞基署)에 문의한 과로사 사례는(노기서에 대한 청구는 1987년 499건, 그 중 인정된 것은 49건), 개인에게 원인이 있는 것이 아니라 일본의 노동방식에 원인이 있다고 생각하지 않을 수 없다.

더욱이 폭발과 낙뢰같이 원인이 분명한 재해와 달리 인과관계의 입증이 어려운 과로사는 재해보상도 받아들여지지 않는 경우가 대부분이다. 예전에 사무라이[44]는 주군에게 충성을 바치고 죽으면, 자손을 위한 기록

44 _ 역주—일본의 사무라이는 단순히 칼을 차고 싸움을 하는 존재가 아니라 농사나 장사와 같은 생업에 종사하지 않는 '귀족'이었다.

(家祿)을 보증받았다. 기업전사는 기업에서도, 또한 많은 경우 노동조합에서조차도 버림받아 폐기된다.

자신의 의지가 아니라 과중노동에 의해 과로사하는 근로자가 있는가 하면, 일류기업의 샐러리맨과 관리직이 자살한 사건이 보도되고 있다. 풍요로운 경제대국에서 생활을 풍족하게 하기 위한 노동이 본인을 병들게 하고 죽이고 있다. 노동시간 단축은 긴급한 과제가 되었으나, 그 실천은 늦어지고 있다.[45]

무엇보다도 합리화와 효율화를 우선시하는 나라

일본에서는 예로부터 노동을 생활을 풍요롭게 하기 위한 것이라고 생각하지 않고, 노동자의 안전과 건강을 뒤로 한 채 기계화와 합리화, 효율화를 우선시해왔다. 많은 희생자가 나오고, 재판에서 싸워서야 비로소 행정이 움직이는 형태가 반복되었다. 그것은 전후에도 조금도 변하지 않았다.

경견완 장해, 진폐 환자, 육가크롬 재해, 진동에 의한 백랍병[46] 등 많

....

45 _ 역주―일본에서는 '과로사'에 이어 '과로 자살'이라는 새로운 문제가 나타났다. "'과로 자살'과 업무 스트레스로 인한 우울증이 일본에서 심각한 사회문제로 등장했다. 아사히신문에 따르면 후생노동성의 집계 결과 2006년 한 해 동안 일본에서 819명이 과로와 업무 스트레스 때문에 우울증을 비롯한 정신장애를 앓게 됐다며 업무상 재해인정 신청을 냈다. 노동당국은 이 가운데 205명이 업무상 재해에 해당한다고 인정했다. 신청과 인정건수 모두 사상 최고치였다. 특히 정신장애로 인한 업무상 재해를 인정받은 205명 중 66명은 '과로 자살'(1명은 자살 미수)인 것으로 나타났다. 이는 1년 전에 비해 57%나 늘어난 수치로 역시 사상 최고치다"(동아일보, 2007년 5월 18일). 일본에서 우리가 배울 것은 결코 적지 않지만, 그러나 일본은 결코 우리의 '모범국'이 될 수는 없다.

은 직업재해가 끊이지 않았다.

우에하타 데츠노조 씨에 따르면,[17] 현재의 컴퓨터노동은 과거의 직업 재해와 비교할 수 없을 정도로 그 영향을 받는 사람의 수가 많고, '또한 건강에 미치는 영향도 심신 양면에 걸치며, 나아가 생활습관과 생활감 각, 어떤 의미에서는 생각조차도 근본적으로 바뀌버린다'는 점에서 뒤따라가는 행정은 허용될 수 없다고 한다.

1970년대 초에 이미 유럽에서는 VDT연구가 행해졌고, 1970년대 후반에는 미국에서조차 문제가 되었으나, 일본에서는 1980년을 지나면서 연구보고가 겨우 나오기 시작했다.

노동조합의 대응도 지체되었다. 오스트레일리아의 노동조합이 자국의 VDT기기가 5만 대가 되었을 때 건강에 미치는 영향에 대해 대응하기 시작했지만, 일본에서는 100만 대가 되면서 겨우 조합이 움직이기 시작했던 것이다. 그 중에서도 신문노련은 본격적으로 VDT문제에 대응한 노동조합이지만, 'VDT기기 구조 등의 규격과 작업기준'이 제안된 것은 1983년 10월이다. 같은 시기에 도쿄증권거래소 노동조합도 건강관리에 관한 확인서를 사용자 쪽과 교환했다.

소프트웨어 기술자의 정년은 35세라고 말하지만, 프로그래머도 바쁠 때는 하루에 17시간에 걸친 VDT작업을 하고(평균 13시간 30분), 35세를 넘으면 건강이 유지되지 않는 것이 현실이다. 파견노동 등에 대해서

---

46 _ 역주―"압축공기해머나 전동 톱 등 손에 쥐고 조작하는 진동공구의 진동으로 손의 동맥이 장애를 받아 갑자기 손가락이 창백해지는 병"(네이버 백과사전).

47 _ 『オフィスストレス』労働旬報社, 1988

는 더욱 규제하기가 어렵게 될 것이다.

이윤을 위해서는 효율을 높인다. 효율을 위해서는 인력마저도 철저히 줄여 낭비하지 않는다. 이것이 일본의 노동현장이며, 그렇게 안 하면 경제대국에게는 익숙하지 않을 것이다.

• 예컨대 자동차 N사에서는 주휴 2일제에 따라 일급의 고정부분을 없애고 전액 출근율에 맞춰서 변동하게 되었다.

• 문 앞에 있던 시간카드를 없애고 작업시작시간까지 각자 작업장소에서 곧 작업을 개시할 수 있도록 관리하는 기업이 많다. 즉 문에서 작업현장까지의 시간, 작업복을 입는 시간, 청소, 기계 점검 등 모든 사항은 노동시간 전에 마쳐야 하며 노동시간에는 포함되지 않는다.

• 조선 K사에서는 각 공장의 작업시작 후 15분, 작업종료 전 15분의 전력소비량을 100으로 하고, 85에 도달하는 시각을 매일 측정해서 그것이 작업시작 전 시각 또는 작업종료 후 시각인 경우는 플러스로 해서 각 공장 간의 경쟁을 부추겨 시상하고 있다. 작업시작 시각에 이미 공장의 전력소비량을 완전가동 때의 85%로 맞추기 위해서는 당연히 작업시작 시각 전에 작업을 개시하지 않으면 안 된다.

하나의 작업공정을 개개의 동작으로 분해해서 요소노동시간을 초 단위로 측정하고, 작업에 관계없는 낭비를 배제해서 표준시간을 설정하고, 그 표준시간에 근거해서 생산계획을 세운다. 그 계획에 맞춰서 노동자는 일해야 한다.[48]

---

48 _ 労働時間問題研究会 編『労働時間短縮への提言』第1書林, 1987

'8시간노동'의 참된 의미

원래 8시간노동은 1일 24시간을 3등분한 것으로 인간이 생존하기 위해 필요한 (1)노동시간, (2)수면과 식사 등 생리적으로 필요한 시간, (3)문화·사회적 시간, 이 세 부분이 인간의 생활에서 필수적이라는 전제 위에 서 있다(표 2 참조).

24시간을 3등분한 8시간씩의 균형은 인간의 생활권으로 보아서 최저한의 필수 균형이며, 8시간의 노동시간을 다른 두 가지 생리적·문화적 시간 쪽으로 조금이라도 옮기는 것이 사회의 진보이며, '세계인권선언'에서 말하는 인간 생활권의 향상이라고 할 수 있다. 또한 그렇게 하지 않으면 생산기술 변화에 의한 긴장과 스트레스를 회복하고, 노동자의 심신의 건강을 유지하는 것은 어려워진다.

제2차 세계대전 후, 주40시간노동으로 각국의 노동시간이 급속히 단축되기 시작해서 EC에서는 1978년 말까지 40시간노동과 연휴를 4주 이상으로 하는 원칙을 정했다. 현재 국제적으로 주35시간노동이 노동조합운동의 목표이다.[49]

---

49 _ 역주—2005년 OECD 보고서에 따르면, 2004년 기준 임금노동자의 연간 실근로시간은 한국이 2,380시간으로 OECD 국가 중 '최장'이었다. OECD 주요 22개국의 2004년 기준 연간 실근로시간은 평균 1,701시간으로 한국 노동자가 679시간(39.9%)이나 더 일하는 것으로 나타났으며, 한국을 제외한 평균 실근로시간은 1,669시간으로 한국 노동자가 711시간(42.6%)이나 더 일하는 것으로 나타났다. 2004년 한국의 노동시간은 주당 무려 46시간이나 되었다. 그나마도 1990년대 말 이후 노동시간이 급속히 줄어든 결과이다. 현재 한국의 법정근로시간은 1일 8시간, 1주 44시간이다. 한편 '주5일제'는 법정근로시간을 40시간으로 줄인다. 한국에서 2004년 7월부터 단계적으로 시행되기 시작해서 2011년에 완비되는 '주5일제'는 1주에 40시간을 일하고 2일을 쉬도록 하는 제도이다. 그러나 '잡코리아'에서 2007년 3월 직장인 1,759명을 대상으

수입생활시간	· 근무시간 (회사 내 생활)	업무에 몰두하는 시간 근무전후(휴식, 잡담, 치장, 용변, 졸음 등) 휴식시간(식사, 휴식, 잡담, 치장, 용변, 운동, 오락, 조합활동, 졸음 등)
	· 통근시간(왕복)	
	· 재택근무 · 부업 등	집에서 일을 하는 사람
소비생활시간	생리 관련 생활 시간	· 수면(주야) · 식사(아침, 점심, 저녁, 간식) · 몸 돌보기(치장, 용변, 목욕 등) · 휴식 · 의료
	가사 관련 생활 시간	· 가사(취사—아침, 점심, 저녁—세탁, 물건 사기, 청소, 공사 등) · 육아(수유, 아이와 놀기, 아이와 공부하기) · 세차 등
	사회·문화 관련 생활 시간	· 학교 · 운동(운동, 산책) · 교양오락(독서, 붓글씨, 신문, 라디오, 텔레비전, 다양한 오락 등) · 여가(드라이브, 운동, 오락) · 교제 · 잡담 · 기타(종교, 다도, 백화점, 외출 등) · 사회활동(조합활동 등)

〈표 2〉 **생활시간의 분류기준**

* 藤本武編(1974), 『最近の生活時間と餘暇』, 勞働科學研究所出版部, 1974.

일본에서는 시간이라는 요소만 살펴보더라도 '노동자가 사람답게 사는 생활을 영위하기 위한 필요를 충족시킨다'는 것에서 지금 멀리 떨어져 있다는 것을 알 수 있다. 연차조차 권리가 아니라 은혜로 생각하고, 경영자는 노동자가 연차 내는 것을 삼가도록 하지 않을 수 없다고 생각한다.

1989년 7월에 발표된 노동성의 『여름휴가 실시예정조사』에 따르면 주요 기업 1,329개사의 여름휴가는 여전히 한계점에 도달했으며, 3일 이상 연속해서 여름휴가를 내는 것은 80.7%, 1주일 이상이 34.9%, 2주일 이상은 19개사뿐이었다. 노동성이 목표로 하는 10일 이상의 여름휴가는 14.6%밖에 되지 않았다.

시간단축이 따르지 않는 남녀고용평등은 차별을 낳는다

남성의 경우 독신이며 젊고 건강하면 어떤 일을 해서라도 살 수 있을지 모른다. 또는 가정과 자신의 몸 돌보기를 모두 아내에게 의지한 채 살아가고 있는 기업전사들은 아무튼 참고 살 수 있을지 모른다. 그러나 여자는 그렇게는 살 수 없다.

로 시행한 '직장인 하루 평균 근무시간(휴식시간 제외) 조사'에 따르면, "현재 주5일 근무제를 시행하는 국내 기업에 재직 중인 직장인들의 하루 평균 근무시간은 '9시간 42분'인 것으로 조사됐으며 그 뒤를 11~12시간 근무가 차지했다"(시사포커스, 2007년 4월 5일). 노무사들은 '주5일제'를 제대로 지키는 직장을 원하는 사람은 외국계 기업에 취직하라고 조언하기도 한다. '법 따로, 현실 따로'의 '한국법칙'이 여기서도 관철되고 있다. 이런 상황에서 자본은 노동시간의 축소를 막기 위해 경쟁력 운운하며 공포 분위기를 조성하고 있고, 노동은 대체로 노동시간의 축소보다는 임금인상을 훨씬 더 중시하는 태도를 보이고 있다. 자본만이 아니라 노동도 큰 문제를 안고 있다.

만일 일본의 풍요가 임신, 출산, 육아, 가족의 단란, 노인의 보호, 지역사회의 인간관계, 인간으로서의 문화적 욕구, 인간답게 사는 것, 이 모든 것을 잘라버려야 성립한다면, 그러한 풍요는 여자들의 풍요와는 양립하지 않는다.

원료나 기계처럼 될 수 없는 생리를 가진 여성들은 풍요의 대가로 자신의 인생과 가정을 바치고 싶다고는 생각하지 않을 것이다.

인간은 남자나 여자로 태어나 살아간다. 여자의 경우 타고난 생리 속에 모성기능도 함께 갖추고 있으므로 인간으로서 불건전한 생활을 강요당할 때에는 모성기능도 영향을 받게 된다. 생식기능을 신체에서 분리한 뒤 인공적인 시험관 아기와 대리모의 제도를 사회가 공인하지 않는 한, 인간으로서의 건강보장은 여성의 경우 동시에 모성보호를 의미한다. 아이를 낳건 낳지 않건 생리적 구조는 같기 때문에 여성의 신체에 적합한 건강보장이 산전산후만이 아니라 장기적으로 배려되지 않으면 안 된다.

이제까지 남자들의 노동방식인 '잔업도 마다하지 않고, 아파도 쉬지 않고, 출장과 전근 등의 명령에 절대복종하고, 가정도 돌보지 않고, 육아를 함에도 불구하고…… 이런 노동형태를 여성도 받아들이지 않을 경우',[50] 남녀고용평등에 어긋난다고 생각하는 사람이 있다면, 여성은 일하는 것을 단념하거나 남성과 똑같이 되거나 해야 할 것이다.

그러나 노동을 효율의 잣대로밖에 보지 않는 경영자는 남녀의 고용평등은 여성에 대한 보호규정을 없애야만 인정될 수 있다고 주장했다.

50 _ 마루모토 유리코(丸本百合子) 외, 『はたらく女の母性と健康』, 労働旬報社, 1988

그러한 재계의 목소리에 밀려서 여성의 시간외노동과 휴일노동에 대한 규제(이제까지 1일 2시간, 1주 6시간 이내로 제한되었던 것이 4주 24시간으로 변경되었으므로 1일 잔업시간에 대한 금지가 없어졌다), 심야노동의 직종범위가 크게 완화되어 직장은 지금 아이를 가진 엄마에게 점점 일하기 어려운 환경이 되고 있다.

유럽과 같이 남성도 노동시간이 짧고, 유급휴가도 길고, 여유있는 노동조건에서라면, 남녀의 평등과 보호는 쉽게 양립할 수 있다. 그러나 노동시간의 단축이 따르지 않는 남녀고용의 평등은 여성에 대해 '아이를 기르고 싶다면 퇴직하라'는 권고가 되어, 일을 단념하지 않고서는 출산도 육아도 할 수 없다는 차별을 여성에게 강요한다. 그리고 남성과 같은 정도의 노동을 여성에게 강요하는 그러한 남녀평등은 비인간적인 노동조건에서 남성을 해방시키는 방법이 될 수 없을 것이다.

스트레스에 시달리는 모성

일반적인 경우, 산모가 아이를 낳으면, '아기의 탄생을 축하합니다'라고 마음으로부터 축하한다.

그러나 기업의 효율적 잣대에서 보면, 출산은 귀찮은 것이며, 본인도 미안한 마음을 가지고 직장 동료들에게 사죄하지 않으면 안 되고, 일을 쉬는 것에 따른 차별대우를 두려워한다. 거기서는 모든 인간의 행위가 기업적 타산에 의해 평가된다. 회사 직원의 결혼식 피로연에서 회사 중역들은 늘 신부에게 '남편이 잔업하는 데 언제나 성실히 내조해서 돕기를 바란다'고 축사를 한다.

상식적으로, 두려워해야 할 전도현상이 당연한 것으로 버젓이 통하

고 있는 것이다. '헌법은 기업의 문 앞까지만' 통할 뿐이다.[51]

VDT노동에 종사하는 여성의 임신 및 출산 이상은, 산부인과의사인 마루모토 유리코 씨에 의하면, 캐나다, 미국, 스웨덴, 영국에서 보고되었으며, 일본에서도 총평(總評)의 조사에 의하면, 36.4%의 임신출산 이상이 보고되었다. 더욱이 1일당 VDT작업이 길어질수록 이상율도 높아진다고 한다.

일하는 부모가 심신이 모두 피로하고, 아이와 얼굴을 마주하지 못할 정도로 장시간노동을 하면, 애정으로 결합된 풍요로운 생활을 할 수 없다. 발달과정에 있는 아이와 접촉할 수 없거나, 영양의 균형을 생각한 따뜻한 음식을 먹일 수 없다면, 그 아이의 인간다운 성장과 건강까지 해치게 된다.

사람들은 가족과 친구와 함께 서로 영향을 주고받으며 생활한다. 가족을 중요시하고, 인간다운 애정에 둘러싸여 생활하고 싶다는 욕구는, 인간으로서 자연스러운 감정에서 생겨나는 것이며, 이것을 중요하게

---

51 _ 역주—이 문제를 해결하고자 하는 것이 바로 '산업민주주의'의 핵심이다. 자본주의에서 기업은 사유재산과 시장경쟁의 조건을 들어서 구성원의 절대복종을 요구한다. 그러나 이것은 민주주의에 위배되는 것이다. 자본주의와 민주주의는 상충하는 면을 가지고 있는데, 이러한 사실은 기업의 수준에서 아주 잘 드러난다. 그런데 민주주의가 인권의 본질에서 비롯되는 것이라면, 자본주의는 그것을 위한 하나의 사회적 수단일 뿐이다. 따라서 자본주의와 민주주의가 상충한다면, 마땅히 자본주의를 민주주의에 적응시키도록 해야 한다. 그러나 현실에서는 그렇게 되기가 아주 어렵다. 한국을 지배하는 경제권력인 재벌은 1~3%의 지분밖에 가지고 있지 않다는 점에서 사실 가진 만큼 권리를 행사하는 자본주의의 원리에도 맞지 않는다. 이에 맞서서 사회개혁을 이루어야 할 노동운동의 주력은 임금인상과 고용안정만 추구하는 이기적 모습을 보이고 있다. 따라서 한국의 '산업민주주의'는 세계 10위권의 경제력에도 불구하고 척박할 수밖에 없으며, 복지사회의 꿈은 여전히 멀 수밖에 없다.

여기는 것에서 풍요롭고 쾌적한 생활이 시작된다.

모성을 비효율적인 것으로 여겨 싫어하고 존중하지 않는 사회는 한 사람 한 사람의 개성과 인격, 목숨과 건강을 업신여기는 사회이다.

전후에 일본은 민주주의사회가 되었다. 그러나 전전부터의 희생 정신은 전후에 경제를 복원한 원동력으로 인정받고, 민주주의란 모두가 더 풍요롭게 생활하기 위한 원칙이라는 것은 잊혀졌다.

인간의 노동력과 로보트의 노동은 같지 않다. 자본가에게는 양쪽이 똑같이 상품의 가치를 만들어내는 것으로 보이겠지만, 인간의 노동은 기계가 할 수 없는, 창조, 이해, 기획, 판단 등의 살아 있는 정체성을 가지고 있으며, 그 점에서 기계와 원료와는 다른 어떤 불가지성도 가지고 있다. 어떤 때는 그것은 창조적인 동시에 생물로서 예지할 수 없는 병, 휴지(休止), 단속성(斷續性)을 수반한다. 그것을 기계와 같이 초 단위로 재서 일을 시키려고 하는 것은 원래 잘못된 것이다.

그러므로 모든 인간의 행위는 언제나 어떤 '여유'가 있지 않으면 안 된다. 만일 여유를 전혀 허용하지 않는 생산계획이 세워진다면, 그것은 비인간적인 강제이며, 여성은 특히 그 비인간성과 환경의 악화에 모성으로 민감하게 반응한다. 모성은 방어반응에 예리하며, 위험을 감지하는 능력이 뛰어나기 때문이다. 그리고 또한 실제로 가장 커다란 희생을 떠맡고 있는 것은 여성이다.

여성이 이러한 노동환경 속에서 중압감에 허덕이고 있을 때, 이미 건강에 문제가 생기기 시작한 중고령의 노동자와 장애를 가진 사람도 마찬가지로 고통스러워하고 있을 것이다.

여성도 남성도, 중고령의 사람도, 평범한 생활을 하면서 건강하게 일할 수 있는 노동조건이 갖춰지지 않은 곳에서 어떻게 풍요로운 삶을 살 수 있겠는가?

기계화로 빈곤해진 노동

이제까지 말한 노동의 문제점은 인간이 인간에 대해 하는 노동 속에서 가장 확실하게 드러나는지도 모른다.

고치(高知)현립중앙병원의 간호사 요시무라 리츠코(吉村利津子) 씨는 간호가 애정을 기울인 보살핌이기보다는 '기계에 이용되고 있는 듯한 경향이 있어서 반성하고 있습니다'라고 말한다.[52]

의료용 기기는 고도의 의료를 위해서 없어서는 안 된다. 그러나 의료용 기기가 점점 의료에서 차지하는 비중이 늘어나고, 그에 비례해서 간호사는 바빠지며, 환자가 기대하는 간호에서 멀어져간다. 병든 사람과 고통받는 사람에게 인간적인 따뜻한 이야기, 꼼꼼한 배려, 위로, 격려를 주는 간호정신은 현실에서 먼 존재가 되고 있다.

그리고 간호사 자신이 고도의 기계를 조작하는 것이 시대를 앞서가며 전문성이 높아진다고 착각하게 된다. 기계와의 대응에 에너지를 사용하면, 간호 본래의 보살핌에 쓰는 시간도 에너지도 당연히 줄어든다.

그것만이 아니다. 기계가 고도화될수록 고장과 파손에 따르는 사고도 늘어나며, 조작상의 실수가 중대한 결과를 낳기도 한다. 간호사는 기계를 열심히 배우고, 점검수리도 할 수 있고, 기계가 보여주는 자료에 주의하고, 그 의미를 이해하고 정확하게 판단하며, 기민하게 행동하

---

52 _ 柴山惠美子 編, 『女たちの衝撃』, 学陽書房, 1988.

지 않으면 안 된다. 그 긴장도는 극히 높다.

기노시타 야스코(木下安子) 씨에 따르면,[53] 간호사 신경증의 일종인 '모에츠키(燃えつき) 증후군'은 겉보기에 마이크로일렉트로니스화와 관계없이 나타난다고 생각할 수 있지만, 실은 그렇지 않다. 모에츠키 증후군은 이상을 향해 헌신적으로 노력한 것에 보상이 이루어지지 않을 때 나타나는 증상이지만, 병원의 기구 그 자체가 효율적·기계적으로 관리되는 방향으로 나아가며, 간호사의 노력은 무시되는, 병원의 노동 환경에서 나타나는 것이라고 한다.

의료용 기기가 도입되어 진료보수가 크게 늘어나고, 수입이 많아지지만, 간호활동에서는 어느 정도 열심히 일해도 수입으로 연결되지 않는다. 거기서는 의료의 기본인 인간적인 자세가 왜곡되는 것이다.

의료의 기본을 맡는 간호사가 의료용 기기가 도입되자 그 일의 질을 변화시키고, 극도의 긴장 아래서 위험한 일을 하고 있는 것이 현실이다.

그것은 간호사가 사람들의 고뇌를 누그러뜨리고 위로하며 격려하는 인간적인 모습과는 아주 멀다. 간호사가 자신의 건강을 파괴할 정도의 노동에서 해방되어 인간적인 간호를 하는 즐거움을 느낄 수 있으려면, 그리고 환자로부터 감사받을 수 있는 간호를 하기 위해서는, 환자에 비례하여 간호사의 수가 충분하게, 너무 많은 심야노동과 장시간노동에서 해방되어야 하고, 간호활동 그 자체에 대한 올바른 평가와 보수가 이루어져야 하고 간호의 본질인 환자와의 인간적 교류를 의료계가 존중하는 등 인간적인 측면에서 풍요로운 의료환경을 재정립할 필요가 있다.

---

53 _ 앞의 책

GNP상의 경제가치와 효율성에서 보면, 의료용 기기의 고도화와 보급이 풍요의 지표로 보일 것이다. 그러나 의료라는 본래의 목적에서 보면, 정말로 필요한 범위에서 의료용기기를 정비해 더욱 질 높은 인간적인 의료간호활동을 가능하게 하는 것이야말로 진정 풍요로운 의료환경이라고 할 수 있다. 일손을 절약할 뿐인 의료기계화는 간호의 본질을 빈약하게 할 뿐이다. 여기에 GNP상의 풍요와 인간에게 따뜻하고 풍요롭다고 느껴지는 의료에는 커다란 차이가 있다.

간호노동만이 아니다. 예컨대 농민의 생활을 생각할 때, 농가수입, 농작업의 기계화, 주거의 근대화, 내구소비재의 보급이라는 점에서 보면, 농가는 풍요로워졌다고 할 수 있다.

그러나 농업근대화, 상업적 농업을 진행하면서 농민의 노동시간은 늘어나고, 문화향유시간과 가사생활시간은 이전과 비교해서 압축되었다. 생활상의 구성에서 본 농민의 삶은 이전에 비해 향상되었다고 할 수 없다.

농부증[54]의 다발, 하우스병,[55] 농업기계에 의한 노동재해, 다른 지역

<hr />

54 _ 역주— "다년간 농업에 종사한 농부에게 나타나는 증후군. 어깨가 뻐근하고, 허리가 아프며, 손발이 저리고, 현기증·귀울림·불면증·야간다뇨(夜間多尿) 등의 증세와 겉모습의 조로(부老)증·무기력증 등 여러 자각증세가 나타나며 노동능률이 현저하게 저하된다. 예전에는 단순한 피로에서 오는 현상이라고 생각했지만, 이것은 과로와 영양부족에서 오는 심장혈관계의 장애거나 신경계의 장애에 원인이 있는 것이라고 생각되고 있다."(네이버 백과사전, '농부증')
55 _ 역주— "비닐하우스 농업은 원예의 온실재배를 농업생산에 활용한 것으로 쇠파이프로 된 골조에 비닐시트를 씌운 낮은 비닐하우스 속에서 작업을 하기 때문에 건강상 문제가 일어나기 쉽다. 즉, ① 비닐하우스 속에서는 온도조건을 인공적으로 조절하여 연간 생산가능기간을 길게 함으로써, 농번기를 오래 끌어 노동부담이 커진다. 또한 비닐하우스 안은 늦은 봄부터 여름까

으로 돈벌이를 나간 농민의 노동재해, 심해지는 과소현상[56] 등, 농민의 생활과 가정을 파괴하고 농촌에서 새로운 형태의 빈곤을 만들어내고 있다. 나아가 끝없는 농업합리화정책은 자연과 인간의 관계를 양호하게 보존하면서 인간 건강의 원천인 식량을 만든다는 농업 본래의 목적마저 파괴하고 있다. 그것은 농민에게 노동의 의미를 잃게 하고, 장래에 대한 희망을 부정적으로 만드는 것이다.

이러한 전체적 시야에서 바라보지 않고서는 풍요의 본질을 포착할 수 없다.

시간단축이 '노동방식'을 바꾸는 첫걸음

노동력을 상품으로 생각하고, 그것에 가격을 붙이는 것이 이른바 노동임금이다. 노동력이라는 상품은 시간이라는 단위로 매매되기 때문에, 임금 대 노동시간의 관계는 이제까지 끝임없이 문제가 되어왔다. 하지만 그것들은 모두 상품경제의 틀 속으로 인간의 노동을 밀어넣고 상품경제적으로 인간의 노동을 처리하려고 하는 방법이다.

그러나 실제로는 추상적인 노동시간이나 추상화된 X원이라는 가격

지는 온도가 높으며, 겨울에는 내외의 온도차가 크기 때문에 피로와 순환장해가 일어난다. ② 해충이 생기기 쉬우므로 농약의 사용이 많아져서 농약의 흡입과 접촉 위험이 증가한다. ③ 비닐하우스 속이 좁고 두렁의 폭도 좁기 때문에 덩굴·잎사귀가 스쳐서 일으키는 피부의 염증, 무리한 자세로 인한 요통을 비롯하여 어깨·팔·대퇴·장딴지의 피로와 통증이 심해지는 따위의 문제가 지적된다. 또한 비닐하우스 생산물의 출하조정작업도 상당한 시간과 노력이 소요되고, 그 작업장의 상태도 위생적이지 못하기 때문에 비닐하우스 속의 작업부담과 겹쳐서 건강장해를 일으키기 쉽다."(네이버 백과사전, '하우스병')

56 _ 역주—농촌 인구가 지나치게 줄어드는 현상

으로 처리될 수 없는, 구체적인 노동 그 자체가 있다. 노동은 인간의 활동이며, 인간의 생활과 의식과 감정과 일체를 이루는 것이라는 사실을 잊으면 안 된다.

'무엇을 위해서 어떤 노동을 하는가'라는 질문에 대한 답변을 찾지 않고 시간과 임금만으로 노동을 처리할 수는 없다.

앙드레 고르츠는 '에콜로지스트 선언'[57]에서 생산기술의 발전은 노동량을 감소시키는데도 자본가와 정치가는 그 여가를 노동자에게 배분하지 않았다는 것을 비판하고, 노동시간의 단축과 가능한 한 많은 자유시간을 사람들이 가지려고 하는 것이 더 좋게 살아가기 위한 해방의 길이라고 말한다.[58]

57 _ 역주─국내에 가장 먼저 소개된 그의 글이 바로 '에콜로지스트 선언'으로 이 글은 1970년대에 발간된 *Ecology as Politics*에 실렸으며, 조홍섭의 번역으로 그가 엮은 『현대의 과학기술과 인간해방』(한길사, 1984)에 '미셸 보스케'의 글로 실렸다. 조홍섭은 일어본을 옮긴 것이어서 영어본과 조금 차이가 있다. 고르츠는 1924년에 오스트리아에서 태어난 오스트리아인으로 1948년에 파리로 가서 1946년에 사르트르가 창간한 *Les Temps Modernes*(현대)의 편집자가 되었으며, 프랑스 공산당에 맞서서 '제2의 좌파'를 내걸고 1964년에 창간된 *Le nouvel observateur*(새로운 관찰자)의 창간자 중 한 명으로 이 주간지를 위해 거의 20년 동안 '미셸 보스케'라는 필명으로 글을 썼다. 그는 노동문제에 관한 전문가로서 유럽의 노동운동에 깊숙이 개입했다. 그러나 1970년대에 들어서면서 맑스주의에 대해 비판적으로 되는 동시에 생태주의를 깊이 받아들이게 되었다. (홍성태, '생태문화사회와 사회운동', 《문화과학》 46호/2006년 여름호, 184~185쪽)

58 _ 역주─고르츠는 이것을 '문화사회'로 제시했다. "고르츠는 1988년에 『노동의 변환』이라는 제목의 책을 불어로 출간했는데, 이 책은 1989년에 『경제적 이성비판』이라는 제목으로 영역되었다. 이 책에는 「노동사회에서 문화사회로의 이행」이라는 제목의 논문이 실려 있는데, 이 논문이 신원철의 번역으로 1993년에 국내에 소개되었다. 이 논문에서 고르츠는 1980년에 프랑스에서 발간된 『선택시간의 혁명』이라는 책을 인용해서 국가권력의 장악을 중심목표로 추구하는 사회주의혁명은 물론 아니고 오로지 임금인상과 고용안정에 몰두하는 이익집단형 노동운동도

그러나 고르츠 자신도 '노동의 폐지는 그 자체로서는 해방이 아니다'는 것을 인정하며, 중요한 것은 인간과 노동의 관계를 생활 면에서 다시 생각하지 않으면 안 된다고 말한다.

만일 노동보다도 자유시간 쪽이 길어지면, 인생에서 노동이 지배적 가치가 되는 것은 끝인 셈이다. 노동은 인간의 목적이 아니라 살아가기 위한 수단이 될 것이다. 즉 직업은 사람이 행하는 많은 활동 중 하나가 되고 말 것이라고 말한다.

만일 풍요로운 인생을 산다는 발상에서 본다면, '풍요'란 사람과의 공존, 자연과의 공존을 넓혀가려는 노동을 의미한다. 에리히 프롬은 그 것을 인간과 미래에 대한 숙고와 연대를 위한 능동성이라고 말한다.

그렇게 생각하면, 우리는 노동시간의 단축, 즉 자유시간의 증대만이 아니라, 노동방식을 바꾸지 않고는 풍요로운 생활은 있을 수 없다는 과제에 이르게 된다. 즉 생활 속의 노동과 사회적 노동을 통일시킬 필요가 있다.

생활과도 지역사회와도 떨어져서, 소비의 즐거움 혹은 영리기업에서 조직한 레저의 즐거움에 우리 자신이 휘둘리고 있다. 그러한 생활방식에서 이제 우리는 벗어날 수는 없을까?

우리는 정말 노동시간의 단축만이 아니라 노동방식에서도 풍요를 체험하고 싶지는 않은 것일까? 그리고 그 욕구는, 사회 전체의 흐름을 바꾸지 않고는 실현될 수 없다는 것을 알기 때문에, 우선 먼저 노동시간의

아닌 새로운 사회의 상을 제시하고 설명했다. 그것은 복지국가의 기반 위에서 자유시간의 확대를 통해 생산력의 사회화를 추구하고 문화적으로 활력있는 삶을 사는 '문화사회'의 전망이다.”
(홍성태, '생태문화사회와 사회운동', 《문화과학》 46호/2006년 여름호, 184~185쪽)

단축을 기원하고, 인간다운 생활을 할 여유, 생각할 여유, 느낄 여유,
지역사회를 만들어갈 여유, 정치에 참가할 여유를 가지려고 하는 것이
라고 생각한다.

5장

가진 자와 못 가진 자의 격차

앞장에서 개인의 인생에서도, 사회에서도, 풍요를 가져와야 할 인간의 노동이 풍요에 반하는 비인간적 상황을 만들어내는 것을 보았다. 노동에 모든 생활이 빨려들어가고, 기업전사로 일하는 사람들은 그렇게 일한 결과 무엇을 노동의 과실(果實)로 손에 넣었을까?

풍요를 생각할 때, 화폐와 상품의 양만으로 파악하는 것은 잘못이며, 양적인 풍요가 사회와 생활의 질적 향상으로 이어지지 않으면 안 된다. 그렇지만 거꾸로 양적 풍요가 질적 풍요를 파괴하는 예가 지금의 일본에는 많다.

이 장에서는 (1) 생활에 기본적으로 필요한 주택과 주거환경이, 높은 가격과는 정반대로 생활의 질을 어떻게 떨어뜨리는가, (2) 생활의 질에 커다란 영향을 미치는 사회보장의 결여가 어떻게 사회적 공정과 인권의 보장을 방해하고, 국민을 불안하게 하는가라는 두 가지 점으로 좁혀 생

	77	78	79	80	81	82	83	84	85	86	87
실질 국민총생산	5.3	5.2	5.3	4.3	3.7	3.1	3.2	5.1	4.9	2.4	4.3
실질 임금지수	0.5	2.5	2.3	-1.6	0.4	1.5	0.8	1.4	0.7	2.3	2.2
고용지수	1.3	0.5	1.3	1.5	2.0	1.9	1.0	1.4	1.8	1.4	0.6

〈표 3〉 생산, 임금, 고용의 추이

* 労働省『労働白書』, 経済企画庁劃廳『国民経済計算』에 의함.

활 면에서 풍요의 현상을 탐구해보고 싶다.

노동자의 삶은 어떠한가 __ 총무청의 가계조사에서

메이지 이래 부국강병과 산업우선정책을 실시해 부국을 위해서라면 국민의 생활을 바칠 것을 요구하고, 전후에 민주주의가 정착했다고 하는 현재도 그 점에서는 전전의 체질을 고스란히 이어받고 있다.

일본인이 부지런히 일하고 생산성을 높여도, 근로자의 장시간노동은 개선되지 않고, 주택은 여전히 토끼장이나 새장같이 작다.

위의 〈표 3〉은 생산성 향상에 비해 그 부를 만들어낸 노동자에 대한 배분이 얼마나 낮은가를 보여준다. 노동자 분배율도 선진국들 중 가장 낮다. 생산성이 향상되어도 자유시간이 늘어나지 않는 것은 4장에서 말했지만, 현실의 노동자는 어떻게 살고 있을까?

1988년 총무청 『가계조사연보』(1989)를 보도록 하자. 노동자 세대의 평균인원은 3.74명. 세대주의 평균연령은 43.7세이다.

세대주의 평균근로수입은 월 39만 4,956엔(상여금을 제외한 정기수입은 월 30만 6,904엔). 거기에 더해 아내와 다른 가족의 수입이 약 5만 8

천 엔이다.

수입에서 세금과 사회보장비용(연금, 의료보험료)이 공제되므로 이러한 비소비지출 약 7만 5천 엔을 뺀 나머지가 가처분소득으로 실수입이 된다. 거기서 나아가 대출상환과 민간보험료, 저축 등을 빼고 남은 것이 실제 소비를 위해 사용되는 소비지출이며, 그 금액은 30만 1천 2백 엔이다.[59]

소비지출이 큰 항목을 참고로 살펴보자. 식료품에 약 7만 5천 엔, 광열·수도에 1만 6천 엔, 옷에 2만 2천 엔, 교통·통신에 3만 1천 엔, 교양·오락(여행, 수업료, 서적 등)에 2만 8천 엔, 교육비에 2만 4천 엔, 주거에 1만 6천 엔(주택임대료 1만 1천 엔), 토지주택대출상환 2만 2천 엔, 저금 2만 7천 엔 등으로 되어 있다.

총무청은 전국 8천 세대의 가계조사를 실시하고 있지만, 앞에서 살펴본 각 항목의 금액은 모두 평균금액이므로, 특히 교육비, 주택임대료, 토지주택대출금상환 등의 금액은 실제와는 거리가 있다.

---

59 _ 역주—일본 후생노동성이 2007년 5월에 발표한 『2006 국민생활기초조사』에 따르면, '2005년 일본의 가구당 평균소득'은 563만 8천 엔으로 집계되었다. 통계청이 2007년 5월 9일 발표한 '1/4분기 가계수지동향'에 따르면, 2인 이상 전국 가구의 월 평균소득은 325만 1천 원으로 집계되었다. 여기서 일본이나 한국이나 전체 소득의 증가와 양극화의 심화가 동시에 진행되고 있다는 사실에 주목해야 한다. 지속적 부의 성장이 결코 공평한 부의 분배를 보장하지는 않는다. 그러나 재벌을 중심으로 한 한국의 성장주의 세력은 '경제위기' 론이나 '작은 정부' 론을 외치며 부의 성장만을 일방적으로 강조한다. 그 결과 한국은 일본보다 더 심각한 양극화 사회가 되었다. 이런 상황에서 한국은 세계 최악의 투기사회와 학벌사회 문제에 시달리고 있다. 불공평한 부의 분배가 이루어지는 상황에서 주거비와 교육비에 너무나 많은 돈을 써야 하는 것이다. 더욱이 일반 물가도 세계 최고 수준이다. 이처럼 혹독한 상황에서 살아남기 위해 많은 사람들이 온갖 개발에 매달리고 부패를 추구하는 것은 어쩌면 당연한 일이다.

예컨대 교육비는 아이들이 있는 세대도 없는 세대도 노인세대도 함께 단순히 평균으로 처리해 버리기 때문에 아이들이 있는 세대에서 실제로 지출하는 교육비보다 훨씬 낮은 금액이 나온다. 아이들이 있는 세대만의 교육비 평균액에 대해서는 도쿄도에서 1세대 1개월 평균 7만 2천 엔[60]이라는 통계가 나와 있다.

집세와 지대의 경우도 마찬가지로, 지불하고 있는 집과 그렇지 않은 집을 함께 세대 수로 단순히 나눈 평균금액이다. 실제로 아주 높은 금액을 지불하는 집일지라도 가계조사에서는 그것이 제대로 나오지 않는다. 나아가 주택임대료라고 해도 사택, 공영주택, 민영 임대주택 등으로 큰 차이가 있는데도, 그것을 모두 같은 항목으로 집계해서 평균을 내고 있다(다만 민영임대주택세대의 임대료가 평균으로 소비지출의 15.5%를 차지하는 것으로 기록되었으니, 이것으로 추계하는 수밖에 없다).

토지주택의 대출금 상환액도 마찬가지로 평균이지만, 대출금상환세대는 가계조사세대의 31.1%를 차지하고, 대출금상환세대만의 평균 상환액은 6만 8,939엔이다. 그러나 이 경우도 예전에 아직 토지가 싼 시대에 대출을 받아서 거의 지불이 끝나가는 고령자 세대와 지금 토지가 비싸서 거액의 대출금을 상환하고 있는 사람이 함께 집계되어서, 실제는 주거 때문에 현재 근로자가 얼마나 고생하는가를 이 숫자로는 알 수 없다. 나아가 지금의 근로자가 고령기를 맞을 때는 연금과 주거환경이 더욱 어려워질 것이다. 분명히 병자와 대책 없는 노인이 있는 세대의 의

....
60 _ 東京都『物價價とくらし』, 1988

료비와 생활비도 그럴 것이다.

새롭게 벌어지는 빈부격차[61]

그런데 이렇게 단순히 평균화된 숫자를 보더라도, 최근 몇 해 사이에 교육비와 세금, 사회보험료, 토지주택 대출금상환이 실수입의 증가를 크게 웃돌아서 근로자 세대를 압박하는 것을 알 수 있다. 거기에 더해서 빈부격차도 새롭게 계속 커지고 있다.

빈부의 격차가 커지는 것은 부유한 사람의 풍요로움도 떨어뜨린다. 왜냐하면 가난한 사람이 있다는 것은 자신도 또한 그 가난으로 떨어져서 누구의 도움도 받지 못하는 상황이 올 수 있다는 것을 보여주기 때문이다.

총무청 가계조사의 연간수입 5분위계급(집계세대를 연간수입이 낮은 쪽에서 높은 쪽으로 순서대로 놓고 5등분한 것)을 보면, 제1분위(가장 가난한 계층)의 1세대당 연평균수입은 256만 엔, 제5분위(가장 부유한 계층)의 1세대당 연수입은 1,110만 엔이다. 이것을 더 세분화한 10분위계급으로 보면, 제1분위는 1세대당 209만 엔, 제10분위는 1,340만 엔이다.

---

61 _ 역주—2000년대에 들어와서 일본에서는 '격차'라는 말이 널리 퍼지기 시작했다. 여기서 나아가 '격차사회'라는 말이 만들어지고, 같은 제목의 책이 발간되어 널리 읽히기도 했다. 일본은 고도성장기를 거치며 '1억 중산층'이라는 말이 만들어졌다. 전체 인구의 80~90%가 '중산층'으로 자부하는 사회가 되었던 것이다. 이것이 '일본 보수주의'의 바탕이 된 것은 다시 말할 필요가 없다. 그러나 1990년대에 들어와서 미국식 신자유주의를 받아들여 '복합불황'을 해결하려고 한 결과, '1억 중산층 사회'는 무너지고 두터운 불평등의 벽이 사회적으로 확립되는 '격차사회'가 형성되기에 이르렀다. 한국의 성장주의 세력은 이것을 '능력사회'의 다른 면이라며 합리화하려고 하지만, '격차사회'는 빈부격차의 구조가 학력격차를 매개로 세습되는 '신분사회'의 성격을 갖는다. 한국은 일본보다 더 심각한 '격차사회'의 문제를 이미 안고 있다.

다음에 임금 면에서 수입격차를 보자. 세무통계를 주의해서 보면, 수입격차는 더욱 확실하다. 연수입 3백만 엔 이하에 47.4%의 근로자가, 5백만 엔 이하에 76.1%의 근로자가 속해 있다. 연수입 6백만 엔을 넘는 근로자는 12.8%이다.[62]

또한 근로자의 저축도 2극 분해[63] 하고 있으며, 총무청 통계국이 발표한 『쇼와 63년도 저축동향조사보고』에 따르면, 전국 6천 3백 세대를 대상으로 조사한 1988년 말의 평균저축잔고는 893만 엔으로, 연수입의 1.4배이다. 그러나 68%의 세대는 이 평균액보다 낮고, 중간금액은 590만 엔이다. 세대수가 가장 많이 모여 있는 금액은 206만 엔이다. 또한 150~250만 엔에 많은 세대가 모여 있으며, 이 세대수가 증가하고 있으므로 2극 분해가 진행되는 것을 알 수 있다.

평균저축잔고가 약 893만 엔인 까닭은 샐러리맨 세대 전체의 28%를 차지하는 1천 만엔 이상의 저축을 가진 세대가 평균액을 높이고 있기 때문이며, 전체의 68%는 평균액보다도 낮고, 또한 연수입만큼의 저축도 가지고 있지 않다.

나아가 평균부채잔고가 217만 엔(그중 주택대출은 254만 엔)이므로, 저축에서 부채를 뺀 실제 저축은 더 낮아진다. 그러나 이것도 평균액이며, 부채의 90% 이상을 차지하는 주택대출을 받은 세대만(세대 전체의 35.2%)의 평균대출잔고를 보면, 대출잔고가 723만 엔이며, 저축잔고보다도 대출잔고가 많은 세대가 19.2%이다. 1988년의 주택대출잔고

62 _ 国税庁 企画課, 『税務統計から見た民間給与の實実態』 1988

63 _ 역주—우리에게 더 잘 알려진 말로 하자면 '양극화'이다.

가 가장 늘어난 것은 40대로 이 연령에서 주택대출과 교육비는 가계를 크게 압박하고 있다.

일본인의 저축 선호 __ 지가 폭등의 한 원인

일본인의 저축 선호는 전전부터 유명하며, 현재도 선진국 중 가장 저축률이 높다. 하지만 저축의 목적은 언제나 상위 세 가지 혹은 네 가지가 (1)질병 · 재난 대비, (2)노후 생활 · 자녀 교육, (3)토지 · 건물 구입 등이다.

이러한 저축의 목적은, 만일 일본에서 (1)사회보장제도가 정비되고, (2)교육비가 들지 않고, (3)토지투기를 막는 공적 정책이 있고 공영주택이 보급된다면 없어질 것이다. 저축은 어떤 시대에나 필요할 수 있지만, 지금 필요한 것도 사지 않고 (또는 살 수 없고) 저축하며, 가정을 위해 건강을 희생하며 잔업을 하지 않으면 안 되는 삶의 형태는 아무래도 풍요로운 생활양식이라고는 말할 수 없다.

이러한 근검절약 풍조는 꼭 일본인의 고유한 민족성이라고 단정할 수는 없으며, 메이지 이래의 국가정책으로 자본축적과 부국강병을 위해 국민에게 장려한 것이라고 할 수 있다.

전전(戰前) 소학교 문 앞에는 늘 니노미야 긴지로(二宮金次郎)[64]의 동

---

64 _ 역주―1787~1856. 가난한 농민의 아들로 태어나 열심히 절약하고 공부해서 성공을 거둔 인물. 1891년 메이지 정부는 소년 긴지로의 이야기를 '도덕' 교과서에 싣고 그 동상을 소학교에 세우기 시작했다. 지금도 일본의 오래된 소학교에서는 이 동상을 볼 수 있다. 어떤 한국의 초등학교에서는 이 동상을 모방해서 똑같은 모습의 한석봉 석상을 세워서 이 사실을 아는 일본인의 웃음거리가 되고 있기도 하다.

상이 서 있었다. 교육의 핵심은 이때부터 근검하게 일하고, 집과 나라를 흥하게 하는 것에 있었다. 그리고 나라의 도움을 받지 않고 가족이 도와서 모든 불행을 처리해야 한다고 가르쳤다.

이러한 국가정책에 따라 생활 속에서 "들어오는 것을 도모하고 나가는 것을 억제한다"는 근검절약의 사상이 강하게 길러졌다. 1882년, 고등여학교에는 '가사경제'가 등장했다. 이시가와 히로요시(石川弘義) 씨에 따르면, 1923년에 세계에서 가장 먼저 오사카시의 사회교과가 「여가생활의 연구」라는 여가에 관한 조사보고서를 내고, 그중 "그리스도 로마도 여가를 잘못 사용해서 망했다. 그러므로 여가를 많이 가져서는 안 된다. 여가는 재충전을 위한 것이다"라는 문제의식을 선명하게 드러냈다고 한다.

즉 일벌로서 여가를 가지지 않고, 소득은 절약해서 저축으로 돌리고, 인생의 모든 것에 자기가 책임지고 대처한다는 기본원리는 메이지부터 오늘날까지 정재계에서 다듬어 제시한 사회사조라고 할 수 있다.[65]

그 저축이 금융기관을 통해 기업의 자금과 함께 토지가격이 상승하는 데 사용되고(열 개 이상의 대은행이 부동산업을 운용하는 리크루트사에 1조 7천억 엔을 융자했다. 그 융자액은 신닛테쓰(新日鐵)에 대한 융자액을 훨씬 웃돈다), 근로자가 평생 일해도 주택을 가질 수 없게 된 것은 그저 우연일까? 혹은 해외 부동산을 사들이는 기업에 대해, 하와이와 오스트레일리아의 주민들이 외국인에게 부동산을 파는 것을 금지하는 법안을 요청

---

65 _ 역주— '절약하고 부지런한 일본인'이라는 것은 이처럼 메이지 이래 일본의 정계와 재계가 함께 만든 역사적 산물이다. 한국의 정계와 재계는 이것을 그대로 본받아 '절약하고 부지런한 한국인'을 만드는 작업을 추진했다.

하고, 시민운동이 일어나는 것도, 국민의 저금이 미국의 국채로 바뀌어 군비를 돕는 결과가 되는 것도 그저 공교로운 것일까?

돈이 많은 현상이 광란적으로 지가를 끌어올리고, 근로자가 성실하게 평생 일해도 자기 집을 가지지 못하는 것은 그 자체로 사람들의 풍요감을 상실시키기에 충분하다. 또한 그에 따라 자산격차도 크게 벌어졌다.

주택은 생활의 그릇

최근 일벌과는 정반대에 있는 샐러리맨의 생활방식을 '마이 홈 주의'라고 부르고 있다. 삶의 보람을 직장에서 찾는 회사인간에 대해 가정생활에서 삶의 보람을 찾는, 비교적 젊은 세대의 사람들에게서 볼 수 있는 태도이다.[66]

그들에게는 입신출세보다도 가정이 중요하며, 해고되지 않을 만큼만 적당히 일하며, 행복한 가정을 꾸리고, 생활을 즐기려고 한다.[67]

마이 홈이라는 그릇은 당연히 마이 하우스이므로, 주택을 가지고 있

---

66 _ 역주—한국에서도 1990년대 중반 무렵부터 이른바 '신세대' 직장인들이 나타났다. 재계에서는 이들이 자기의 삶을 추구하는 것을 마치 이기주의와 향락주의에 빠진 것처럼 호도하고 공격했다. 그러나 출퇴근시간을 잘 지키고 자기의 삶을 추구하는 것은 너무나 당연하고 정상적인 것이다. 그렇지 않은 것이야말로 잘못된 것이다. 이런 점에서 한국은 여전히 세계적으로 손꼽는 '기형국가'이다.

67 _ 1970년대 이후에 태어난 서구의 젊은이들 사이에서 돈을 덜 받더라도 자신이 좋아하는 일을 하며 느긋하게 사는 삶을 택하는 경우가 늘어나고 있다. 이런 젊은이들을 가리켜서 '다운시프트족'이라고 부른다. '다운시프트'는 본래 '저속기어로 바꾼다'는 뜻이다. '산업전사'를 상찬하고 '일 중독자'를 양산하는 사회에 길들어 있는 기성세대는 이런 젊은이들을 아예 '미친놈'으로 여기기도 한다. 그러나 사실 '다운시프트족'이야말로 정상적이며 바람직한 삶을 추구하고 있는 것이다.

지 않다면 마이 홈 주의는 없어진다. 또한 마이 하우스가 비참하다면, 행복한 가정 생활은 실현될 수 없다. 친구와 부모가 찾아와서 즐거운 시간을 보낼 수 없고, 자녀가 독립된 인격을 가진 사람으로 자신의 방에서 공부하거나 책을 읽을 수 없다. 부부의 생활도 지켜지지 않고, 각자 하고 싶은 것이 부딪혀서, 집은 싸움터가 되고 만다. 텔레비전을 보고 싶다, 시끄럽다, 아기가 울어서 충분히 잘 수 없다, 아파도 조용히 쉴 수 없다……

대도시는 땅값이 비싸서 회사에 다니는 아버지는 도심의 원룸에서 살고 주말에만 가족이 있는 교외로 귀가하는 생활방식을 다케시타(竹下) 전 수상이 장려했지만, 이를 진정한 가족생활이라고 말할 수 있을까?

원자화하고, 뿔뿔이 흩어진 개인주의의 경쟁사회에서 가족은 유일한 공동체의 성채가 된다. 인간의 상호이해와 친절과 행복은 함께 살아가며 체험을 공유해야 생겨난다. 주말에 돌아온 아버지에게 한 주 동안의 일을 보고하는 것만으로는 결코 체험을 공유했다고 할 수 없다. "아버지이자 집 지키는 사람이 좋다"는 것은 중년이 지나서의, 중간이완기(여유가 있는)의 멋진 표현이며, 아이가 어릴 때, 또는 몸이 약한 가족과 함께 살고 있을 때, 가장 중요한 남편이 집에 없게 되면, 남편은 의지가 되지 않는 존재가 되고 만다. 즉 "당신은 존재하지 않는 사람입니다"라는 말과 같다고 할 수 있다. 이러한 주말귀가의 발상은 기업전사를 당연하게 생각하는 남자의 생각과 같은 아이디어이다.

일 속에서 소외감을 느끼고, 나아가 마이 홈도 가지고 있지 않은 사람들은 어디서 의지할 것을 찾으며, 어디서 삶의 보람을 찾을 수 있을까? 홈리스는 정말로 인간다움을 상실하는 것이다.

데이코구조키제약에 근무하는 가와구치 하루오 씨가 지방으로 부임하라고 회사에서 지시받았을 때, 아내 히사코 씨가 일을 그만두고 세 아이와 함께 가와구치 씨를 따라가거나, 아니면 가와구치 씨가 단신부임하는 식의 양자택일을 강요받았다. 해고를 피하기 위해 하루오 씨는 단신부임했지만, 가와구치 씨 부부는 함께 가정생활을 꾸리고, 세 아이를 기를 권리를 지키기 위해 재판에 호소했다. 남편이 아이를 기를 권리와 아내가 계속 일한다는, 지극히 당연한 인간의 권리를 회사가 박탈해서는 안 된다는 생각에 공감하여 가와구치 씨를 지원하는 모임은 계속 커지고 있다. 생활을 중요하게 생각하고, 생활을 중심으로 판단하고 생각하는 것이야말로 진정한 풍요로 나아가는 길을 닦는 것이라고 생각하는 사람이 점점 늘어나고 있다.

사람들이 '이렇게 살고 싶다'는 주체성을 강하게 지니면 지닐수록 주택에 대한 요구도 강해진다.

거주한다는 것은 거주자의 개성적이고 자발적인 생명력을 기르고, 사랑하는 가족과 함께 자기실현의 장을 가지는 것이다. 또한 그것만이 아니라, 주위 환경과 친밀한 인간관계와 지역사회를 만들어내는 것이기도 하다. 어떤 지역에 거주하면서 서서히 지역사회에 뿌리를 내린다. 특히 아이는 가정과 지역사회에 의해 길러진다.

이제까지 긴 노동시간과 열악한 주택은 악순환을 되풀이한다고 말해왔다. 회사인간에게 마이 홈은 지쳐서 자러 돌아가는 장소일 뿐이므로, 그것을 쾌적하고 창조적인 자기실현의 장으로 만들려고 하는 에너지는 솟아나지 않으며, 지역과의 좋은 인간관계를 만들어내는 장으로 만들 수도 없다.

한편, 집이 좁고, 대출상환액이 많으면, 남편이 일벌로 긴 노동시간을 갖는 것이 좋다고 생각하는 아내도 있다. 실제로 직업이 없는 아내는 대출상환과 교육비 지출에 쫓기고 있기 때문에 가계를 유지하기 위해 노동시간을 줄이는 데 소극적이라는 조사결과가 있다. 노동시간이 줄어들기보다 수입이 늘어나길 바라고, 소득이 줄어들면 중산층을 유지할 수 없다는 것을 두려워한다. 다나카 츠네코(田中恒子) 씨는 이러한 상태를 '남편과 함께 가정을 꾸리고 싶다'고 바라면서도, 다른 한편에서는 수입의 감소를 두려워하는 가난이 드러나는 것이라고 분석하고 있다.[68]

비싼 임대료와 노동방식이 지금과 같아서는, 주거수준은 언제까지나 높아지지 않을 것이다. 원룸 맨션과 주말가정이 나오는 이유이다. 그 결과 심신이 모두 지친 일벌은 순간적 향락으로 피로를 씻고, 가족과의 단란함, 친구, 지역사회와의 교류, 문화적 생활, 정치 참가 등과는 동떨어진 비인간적 생활을 하게 된다.

'개인의 자기책임' __ 유명무실한 일본의 주택정책

원래 경제대국 일본 주택의 조악함은 세계의 멸시를 받았다. 토끼장처럼 작은 집을 넘어서, '새장 같다'고 한 전 서독수상 슈미트의 말과, 토끼장처럼 작은 집에는 해가 들고 바람도 통하지만, 일본의 밀집주택에는 햇빛도 바람도 들지 않는다는 런던대학의 어떤 교수의 평과, 미국의 경제학자 사무엘슨의 "수출주도형 성장노선은 그만두고 국내의 사회자

68_ 総理府, 『労働時間 · 週休二日制に関する世論調査』, 1986

본 충실과 주택수요로 눈을 돌려라. 특히 일본의 주택은 너무나 비인간적이다"[69]는 경고 등, 주택문제는 이미 어쩔 수 없는 상황이 되어버렸다.

국민의 생활기반은 제쳐놓고, 앞다퉈 산업기반을 정비하고, 기업에 대해 강력한 보호조성책을 취해온 일본 정부는 계속 터지는 공해에 대해서도 줄곧 주민을 희생해서 산업을 지켜왔다. 그와 똑같은 체질은 주택정책에서도 분명히 드러난다. 국민의 주택은 '개인의 자기책임'으로 지어지고, 인간생활의 기본이므로 기본적 인권의 하나라는 생각으로 펼치는 주택정책을 정부는 생각하려고도 하지 않았다.

효과가 적은 금융조치만을 취하고(임차인이 적어서 예산이 남고, 둘째 집에까지 융자하고 있다), 좋은 공영주택(이쪽은 몇십 대 1이라는 경쟁을 뚫고 추첨에 뽑혀야 한다)은 극히 적다. 땅값은 치솟도록 내버려두고, 국민에 대한 임대료 보조정책도 실시하지 않았다. 생활보호세대에 대한 임대료 보조가 조금 있었을 뿐이다.

각자 자기책임으로 지어지는 주택은 높은 땅값 때문에 좁은 땅에 꽉 들어찬 건축물이 되어, 최저주거수준에 미치지 못하는 규모의 세대가 4백만 세대, 아파트에서 화장실과 부엌을 공용하는 세대가 5백만 세대, 위험주택이 1백만 세대라고 한다.

거리 만들기에는 공적 원조와 계획이 빠지지 않는다. 자기책임에 맡겨진 조악한 개인주택은 쓰레기상자를 뒤집은 듯이 좁고 굽은 도로 양쪽에 세워져서 공공시설은 물론이고 하수도, 녹지대, 놀이터도 마련되어 있지 않다. 옛날에는 도로가 아이들의 놀이터이자 이야기를 나누고

69 _《毎日新聞》, 1982年 9月 11日

불꽃놀이를 보고 더위를 식히는 장소이기도 했다. 지금은 그 도로에 자동차가 북적거리고, 한걸음 밖으로 나가는 것은 유아와 노인에게 목숨을 걸어야 하는 일이다.

재해에 대한 안전과 미관과 공중위생과 공공복지에 대한 배려는 거의 찾아볼 수 없다. 이것은 주택정책이라기보다 산업정책으로서 부동산업과 건설업에 영리의 장을 제공하려는 것이다.

아이의 인격이 건전하게 자라거나, 건강하고 문화적인 생활을 한다는 무형의 가치는 도시의 주택에 관한 한 거의 존중받지 못하고 있다. 여기에는 풍요로운 생활 같은 것이 있을 수 없다. 스위스의 교육자로 정신·도덕·신체의 통일과 조화를 이념으로 한 페스탈로치는 건전한 생활의 기초로 '집의 힘'(Wohnstubenkraft)과 '정원의 힘'(Gartenkraft)을 역설하며 좋은 인간을 기르기 위한 주택과 도시계획을 주장했다. 아이의 성장을 지켜본 부모로서 뼈저리게 이해할 수 있는 주장이다.

싼 주택을 찾아서 획일적으로 대량생산한 고층집합주택에 입주한 사람은 경제사정으로 부득이하게 수동적으로 들어오기 때문에, 오래도록 살며 지역사회와 좋은 주거환경을 만들려는 의욕이 모자라고, 그것이 주거환경을 더욱 악화시키고 있다. 확실히 소음은 새어나가고 있으며, 방 배치는 토끼장처럼 남북으로 길고, 비가 새거나 배수시설이 고장나거나, 설비와 문이 나빠도 수리는 생각할 수도 없고, 자유롭게 스스로 개조할 수도 없다. 입주해서 보면, 이웃에 폭력조직 사무소가 있는 경우가 있다. 집합주택에서는 임대료 외에 관리비와 수리적립금을 내지 않으면 안 되지만, 금액이 커서 내지 않는 세대가 나와서 관리조합 자체가 파산하는 예도 있다.

낡은 공영주택과 공단주택이 재건축되면, 임대료가 뛰어오르고, 원래 살던 사람이 계속 살지 못하게 되는 예도 임대료 보조가 없는 일본에서는 많다. 서독, 영국, 스웨덴에서와 같은 임대료 정책이 없으므로, 고령자는 연금에서 임대료를 내지 않으면 안 되고, 내지 못해서 시설로 가거나 더 싼 곳으로 옮겨야 한다. 자주 이사하면 적응력도 떨어진다. 주변의 친숙한 환경에서 멀어지면 고립되기 쉬우며, 주위에서도 귀찮은 사람으로 취급당하는 비극이 빚어진다.

노인이 살기에 적당한 주택이 없으므로 병원에서 집으로 돌아오지 못하거나, 재택간호를 받으려고 해도 주택이 너무 열악해서 불가능하거나, 주택의 수준이 낮은 것은 계속 문제가 된다. 노인문제의 70%는 주택문제라고 할 정도이다.

노인의 자살률이 높은 것이 문제가 되었지만, 그 이유가 병에 걸려도 누워 있을 곳이 없고, 다른 가족에게 폐가 되고, 일하고 있는 며느리가 간호를 위해 일을 그만두면 주택대출을 상환할 수 없게 되고, 노인홈의 공동입원실이 싫다는 등 주택과 연관된 것이 많다고 한다. 주택의 질이 더욱 높아지고, 도시의 환경이 좋아지면, 후생성이 적대시하는 노인의료비도 자연히 낮아질 것이다(복지마을 만들기로 유명한 이와테(岩手)현 사와우치(澤內)촌에서는 주민의 건강을 위해 우선 주거와 주거환경을 개선하는 것으로 시작했다).

좁은 집에서 물건에 둘러싸여 움직이다가 골절을 당하거나, 선반에서 물건이 떨어져 다치거나, 계단에서 발을 헛디디거나 하는 것은 언제나 노인과 유아이다. 전염병과 기생충 감염율도 높고, 건강 면에서 여러 문제가 생긴다고 한다. 주택과 간호 조건이 좋으면 누워만 있지 않고 생활할 수 있는 노인이 대부분이라는 것은 유럽의 노인들 중에서 누워만 있는 노인은 거의 없다는 것으로 증명된다. (1989년 8월 후생성 보고에 따르면, 일본에서는 늘 누워 있는 노인은 16만 명, 일어나 움직일 수 있지만 거의 누워만 있는 노인은 60만 명이며, 그 비율은 덴마크, 스웨덴의 6배에서 12배에 이른다.)

홑벽 아파트에서 아기가 우는 소리가 시끄러워 이웃에서 괴로움을 호소해서 밤중에도 아기를 밖으로 데리고 나가지 않을 수 없는 젊은 엄마가 있거나, 화가 치밀어서 아기를 죽인 불행한 사건도 있는 등 주택에 얽힌 비극은 끊이지 않는다.

그 반대로 뒤떨어진 것으로 보였던 학생이 갑자기 학습태도가 좋아지고, 친구들과도 어울려 잘 놀아서 그 이유를 알아보니, 괜찮은 주택으로 이사했기 때문이었다는 교장의 보고도 있다.[70] 주택과 인권, 인격은 서로 밀접하게 연결되어 있는 것을 절감한다.

'주택은 인격의 일부' __ 주택에 힘을 쏟는 나라의 사고방식

서독에서 독일인 가정을 방문하면, 언제나 자기 집안을 안내하면서, 이 방 저 방을 보여준다. 어느 집이나 그렇다. 모두 개성있게 공간을 꾸미고, 인생을 사랑하듯이 주택을 사랑하고 있다. 주택은 인격의 일부이다. 이것은 독일인의 짧은 노동시간과 밀접한 관계가 있으며, 귀가 후와 토요일, 일요일에 꾸준히 주택을 개조하거나, 집을 수리하거나 하며, 느긋하게 아름다운 주택에서 인생을 보내는 것을 행복의 제1조건으

70 _ 日本住宅会議編, 『国際居住年と日本の住居』, 日本評論社, 1987

로 삼고 있다.

이러한 사정은 동독도 비슷해서, 사회주의국가는 가난하다고 경멸하는 일본 쪽이 훨씬 가난하다. 교외 가족농원에 손으로 지은 오두막이 일본의 주택보다 멋지다고 놀란 일본인도 있을 정도이다. 동베를린 도심에서 전차로 15분 정도 떨어진 곳에 있는 테르만 공원단지는 '취해서 귀가했을 때 실수할' 상자형의 획일적 집합주택은 안 된다는 생각에서 붉은 벽돌의 사무소, 술집과 극장, 아틀리에, 집회장, 장미꽃으로 둘러싸인 커다란 연못, 휠체어로 다닐 수 있는 통로, 점자가 표시된 엘리베이터도 있으며, 10%가 노인주택이고 간호사도 있다. 일본보다는 훨씬 높은 수준의 근로자 공영주택으로 임대료는 수입의 6%이다.

서독에서는 산업정책에 관해서는 투자감세, 민간활성화 방식을 취하지만, 주택과 도시환경에 관해서는 국가가 크게 개입해서 소득감세와 함께 백년간의 무이자금융정책, 임대료보조정책(가난한 사람을 값싼 집합주택에 모으지 않고, 일반주택에서 살게 하고 임대료를 보조한다), 공적 사회주택을 건설해 '주택건설의 기적'을 이루었다. 모든 주택의 40%는 공적 자금으로 지어지고 있다.

서독의 도시계획은 '농촌과 도시의 결혼'이라고 말하듯이, 도심에서 전차로 30분 정도 가면, 넓은 농촌지역이 나타나며, 녹지가 가득하다. 도시민에게 신선한 농산물이 공급되며, 농민도 도시의 문화를 이용할 수 있고, 집중화를 피한 도시계획이 훌륭하게 제 역할을 하고 있다. 또한 서독의 국공유지는 국토 전체의 약 30%에 이르며(해마다 늘어나고 있다), 지방자치체가 소유한 토지도 많다. 공공시설과 공공주택을 짓기 위해 상당한 여유를 가지고 공유지를 확보하고 있다.

스웨덴에서도 공영주택과 협동조합주택이 많으며, 약 40%의 주택이 여기에 해당된다. 75㎡의 표준 아파트 임대료가 5만 엔이며, 일본에서는 공영주택이 저소득자용으로만 만들어지는 것과는 달리, 모든 국민이 이용할 수 있다.

저소득자만을 공영주택에 살게 하면, 거기에 사는 사람에 대한 차별이 생겨나므로, 일반주택을 지어서 모든 사람을 평등하게 살게 하고, 필요한 사람에게 임대료를 보조하는 정책을 취하고 있다. 연금생활자의 절반은 공적 주택수당을 지급받고 있으며, 아이가 있는 세대의 1/3은 아동수당과 동시에 주택수당을 받고 있다. 도시계획에서도 주민이 참가하는 커뮤니티 만들기가 활발하고, 지방자치체의 권한이 대단히 강하며, 장애자를 위한 노멀라이제이션[71]도 일반화되어 있다. 1976년의 건축법은 새롭게 지어지는 주택에서는 휠체어로 집안으로 들어갈 수 있도록 할 것, 화장실과 욕실도 휠체어로 들어갈 수 있고, 회전할 수 있는 넓이로 만들 것을 의무화했다.

재택간호를 위한 시설이 도시주택 내부 여기저기에 합리적으로 배치되어 있으며, 더욱 많은 도움이 필요한 사람은 서비스 하우스를, 세심한 간호가 필요한 사람은 간호소를 이용할 수 있으며, 이렇게 겹겹이 노인의 변화에 대응한 주거환경이 준비되어 있다.

마루오 나오미(丸尾直美) 씨에 따르면, 스웨덴의 주택수당과 이자보조는 1986년 GDP의 3.7~3.9%를 차지했지만, 일본에서는 주택보조가 GNP의 0.0022%, 주택대출의 이자보조는 GNP의 0.1%였다.

....
71 _ 역주—장애인도 일반인과 같이 생활할 수 있도록 하는 것

지금 일본의 공적 주택공급은 오로지 고층건축을 주류로 하고 있지만, 스웨덴은 물론 영국에서도 1960년대에 고층건축에 대한 비판이 높아진 이래 1970년부터는 공영주택건설의 주류는 저층 또는 중층집합주택으로 변화했다. 고층주택은 사람들의 깊은 심리적 반작용(무력감과 사회적 격리감)을 일으키고, 주거환경도 파괴하며, 또한 아이의 성장환경 면에서 심리적으로 생리적으로 좋지 않다는 이유 때문이다.[72]

가진 자와 못 가진 자의 격차

땅값이 폭등하여 많은 젊은 근로자가 주택을 가지는 것을 포기하지 않을 수 없게 되었다.

또는 열심히 일한 땀의 성과를 모두 주택에 빼앗기고(즉 근로자의 소득이 기업과 부동산 소유자 등에게 강제적으로 이전되고), 뒤에는 아무 것도 남지 않는 삶을 강요받고 있다. 그 결과 근로자 사이에 달가워하지 않는 격차가 생기게 되었다.

이미 집을 가진 자에게는 자산이 늘어나는 것이 기뻐할 일인지 모르지만, 그것을 팔 힘이 없는 한 자산평가는 그림의 떡일 뿐이다. 단지 살고 있는 것만으로는 재산세가 올라서 가계를 압박할 뿐이다. 또는 상속세를 내지 않기 위해, 결국은 다른 곳으로 이사하지 않으면 안 된다. 오히려 자산가치는 늘지 않아도 좋으니 언제까지나 안심하고 살고 있는 곳에서 살고 싶다는 것이 대다수 시민의 바람이 아닐까?

---

72 _ 工藤攝啓・延藤安弘, 「イギリス高層住宅の盛衰にかんする諸要因の考察」, 日本建築学会報告, 1986年 8月

땅값이 오르지 않으면, 상속세를 내지 않으려고 토지를 팔 사람이 늘어난다. 매각한 토지에는 반드시 영리용 건물이 들어서고, 주거환경이 나빠진다. 안심하며 살고, 안정된 연금이 있고, 믿을 수 있는 의료보장이 있고, 조용한 장소에서 계속 살 수 있다면, 수억 엔의 자산평가액은 일반 시민에게는 꼭 필요한 것이 아니다.

가공의 자산가치보다 돈으로는 살 수 없는 지역과의 연계가 끊어지게 되고, 이사에 따르는 불안과 노력과 불경기가 닥치는 것이 일반 시민에게는 훨씬 괴로운 일이 아닐까? 생활을 중요하게 생각하는 일본인이 땅값이 상승한다고 해서 단순히 즐거워한다고 생각할 수는 없다. 나 자신을 봐도 약간의 마찰이 있어도 이웃과의 관계는 아이의 친구 사귀기, 어린이놀이터 만들기 운동, 상하수도 공사, 생협 공동구입 등을 통해 만들어낸 25년에 걸친 재산이며, 거기에서 멀어지는 것은 생각할 수도 없다.

그러나 다른 한편, 집을 가지지 못한 사람에게 그것은 불공평해 보인다. 평생 땀을 흘려 일해도 집을 가지지 못한 사람과 상속세 때문에 도심에서 쫓겨나기는 해도 어디인가에 집을 가진 사람은 결국 평등하지 않다. 시기적으로 일찍 토지를 샀다는 이유뿐인데도 큰 격차가 벌어지기 때문이다.

이러한 격차를 없애기 위해서라며 정부는 필요한 최저한의 주거에 대해서조차 재산세와 상속세를 끌어올리고 있다.

예컨대 국립대학은 사립대학보다 수업료가 싸니 특권을 없애기 위해 수업료를 올리며, 공무원 연금은 민간보다 조건이 좋으니 수령액을 내리며, 노인홈에 들어와 있는 사람은 그렇지 않은 사람에 비해 운이 좋으므로 더 비싼 요금을 내야 한다며 고액을 징수한다. 나쁜 쪽으로 보조를 맞춰가는 일본형 평등이 여기에서도 실현되는 것이다. 집을 가진 사람도 가지지 못한 사람도 잘 이해할 수 없는 뒷맛이 씁쓸한 생각이며, 그저 이러한 분리정책 속에서 살아갈 뿐이다. 그 결과 일본의 주택수준은 언제까지나 열악한 상태에 머무를 수밖에 없다.

호화로운 시설을 갖춘 번쩍거리는 도심의 기업건물과 개인주택의 열악함을 비교하고 외국인은 모두 놀란다. 그 격차가 너무나 크기 때문에 샐러리맨이 사무실에 틀어박혀서 귀가하지 않는 것은 아닐까라고 말하는 사람도 있다. 또는 교통이 혼잡해서 밤늦게 전차가 한가할 때를 기다려서 귀가하려는 것일까라고 말하는 사람도 있다. 또는 피곤하던 차에 어딘가에서 한 잔 마시고 신경을 마비시키지 않으면 안 되는 것일까라고 말하는 사람도 있다. 어느 질문이나 생활 그 자체의 빈곤을 상징적으로 보여준다.

전국으로 퍼져가는 땅값 폭등

1988년의 지가공시에 따르면, 1986년부터 87년에 걸쳐서 도쿄의 지가는 104.8%나 올라서 배를 넘게 되었다. 1985년부터 88년 사이에 도쿄도의 주택지는 7월 1일의 기준지가조사로 약 3배나 폭등했다.

주민은, 고정자산세와 임대료 지불로 고통받고, 지아게야(地上げ屋)[73]에게 쫓겨서 이사하고, 도심은 인간이 살지 않는 비인간적이고 윤

---

73 _ 역주— "강경한 수법으로 부동산의 매매를 생업으로 하는 개인과 기업을 가리킨다. 도시에서 토지는 나뉘어 있는 것보다 거리단위로 뭉쳐 있는 쪽이 대규모 건축물을 지을 수 있어서 면적당 이용가치가 높아진다. 그 때문에 나뉘어 있는 상태에서 토지를 매입하고, 거리단위로 뭉쳐진 단계에서 전매하면 막대한 수익을 올릴 수 있다. 이것이 지아게야의 수익원이다. 토지의 정

택하지 않은 지역이 된다.

맨션 분양가격은 도[74] 내 평균이 1억 450만 엔으로 근로자가 지불할 수 있는 금액이 아니다.

도내 주택총수의 68.9%, 277만 호가 건설성의 평균거주수준(4인 가족으로 86㎡)을 밑돌며, 더욱이 17.7%인 71만 5천 호는 최저주거수준(4인 가족으로 50㎡)에도 미치지 못한다.

1호당 평균바닥면적은 58㎡이다. 1호당 건축부지면적의 절반 가까이가 100㎡ 이하, 건설된 민간임대주택의 바닥면적은 평균 40㎡이며, 주거수준은 오히려 낮아지고 있다.

모쿠친(木賃) 아파트[75]에는 93만 세대가 살고 있지만, 이것은 총세대수의 1/4에 해당한다. 모쿠친 아파트는 특히 도시마(豊島), 신주쿠(新宿), 나카노(中野), 스기나미(杉並)의 모쿠친 아파트지대에 밀집해 있으며, 이 중 절반은 지은 지 24년이 넘은 낡은 아파트이다. 1호의 평균면적은 20㎡이며, 34%가 화장실을 함께 쓰고, 72%는 욕실이 없다.

하루의 일조시간이 3시간 미만인 주택이 21%, 86만 6천 호이다. 그 중 23만 1천 호의 일조시간은 1시간 미만이며, 하루 종일 거의 해가 들

리분합(整理分合)을 해서 공공용지를 만들어내고, 전체 지구(地區)의 토지가치를 높인다는 점에서는, 토지구획정리사업 시가지재개발사업 등 도시계획사업은 '공적인 지아게' 행위라고 할 수 있다. 지아게야는 1980년대 버블경기에서 융성했으며, 1990년대에 버블이 꺼지면서 다수의 지아게야가 파산했고, 이것은 다시 금융위기로 이어졌다."(ja.wikipedia.org/wiki/)

74 _ 역주— '도쿄'는 '거대도시'를 뜻하는 '도'(都)이다. 원래의 도쿄시와 그보다 더 넓은 주변지역으로 이루어져 있다. 전체 면적은 2,183㎢이며, 23개의 특별구(도쿄시), 26개의 시, 7개의 정, 8개의 촌으로 이루어져 있다.

75 _ 역주—1960년대 고도성장기에 많이 지어졌던 목조 임대주택

지 않는다. 특히 설비를 공용하는 민간임대주택의 16%가 그렇다.

그럼에도 불구하고 공영주택은 지체되어 건설되지 않고, 도영주택의 1987년도 응모율은 35.7배였다. 네리마(練馬)구 히카리오카(光ヶ丘)의 공공분양주택의 응모율은 442배였다.

도의 여론조사에 의하면 '평생 내 집을 가질 수 없다'고 답한 사람이 도민의 37.8%이며, 20대, 30대의 남성은 절반이 체념하고 있다.[76]

1988년『국민생활백서』는 이것을 도쿄의 특수환경이라고 설명하고 있지만, 지가 폭등은 전국으로 퍼졌고, 더욱이 일본만으로 그치지 않고 해외의 토지 폭등마저 초래하고 있다. 1988년에 전년비 평균으로 오사카권에서 약 40%, 가나가와현에서 90%, 사이타마현에서 80%, 치바현에서 90%의 토지 폭등이 일어났다. 1989년의 지가공시에서는 계속, 오사카, 교토, 고베의 주택지에서 30% 이상, 나라시에서 50% 이상의 상승을 기록했다.

가처분소득을 웃도는 주택대출상환액 __ 도쿄의 광적 현상

경제기획청은『63년 지역경제 리포트』에서 가계수지와 내집마련의 수지를 계산했다.

도쿄에서는 내 집을 사면 주택대출의 상환액만으로 가처분소득(1개월 평균실수입에서 세금과 사회보험료를 뺀 것)의 1.2배가 되어서, 실수입만으로는 살 수 없게 된다. 102.5㎡의 토지에 123㎡의 집을 지으면, 도쿄에서는 8,514만 엔이며(대단히 불편한 곳이다), 계약금 599만 엔은 저

76 _ 東京都, 住宅政策懇談会, 1988年 10月 27日의 중간보고에서.

금을 해약해 내고, 잔액을 대출금으로 상환한다(주택금융공고, 연리 4.45%, 기간 25년, 덧붙여서 은행의 주택대출, 연리 6.2%, 기간 20년)고 하면, 1개월의 대출금상환액은 약 55만 8천 엔이며, 가처분소득인 45만 엔을 웃돈다(바닥면적 75㎡인 맨션을 5,235만엔으로 사면, 연평균소득의 8.4배가 된다는 숫자를 도시개발협회가 1988년에 발표했다).

가나가와, 교토, 오사카, 효고(兵庫)에서도 주택대출금 상환액이 가처분소득의 40%를 차지하게 되었으며, 소득수준이 낮은 가고시마(鹿兒島), 오키나와도 마찬가지로 40% 전후이다. 그 밖의 17개 도도부현(都道府縣)[77]에서 맞벌이 등으로 새로운 소득을 늘리지 않는 한 주택을 가지는 것은 쉽지 않다는 것을 이 리포트는 분석해서 보여준다.

그 결과, 1988년판 『국민생활백서』에 의하면, 주택자산의 격차는 1985년부터 87년에 걸쳐 크게 벌어졌다. 수도권에서 토지자산액은, 집을 가진 세대는 평균 8천 6백만 엔이지만, 자산보유 제5분위층[78]에서는 2억 엔 이상이다. 그리고 제1분위에서는 0이다.

땅값이 오르면, 개인주택은 소유하기가 힘들어진다. 마찬가지로, 만일 토지를 사서 임대건물과 임대아파트를 경영하려고 하면, 임차인이 내는 임대료에는 한계가 있으므로 채산이 맞지 않는다. 채산을 맞추기 위해서는 현재보다 땅값이 70~80% 싸지지 않으면 안 된다고 도쿄도

---

77 _ 역주—일본의 광역자치체의 단위로서 도쿄도(東京都), 호카이도(北海道), 교토부(京都府), 오사카부(大阪府)와 43개의 현으로 이루어져 있다. 기초자치체의 단위는 시정촌(市町村)이다.

78 _ 역주—소득계층을 크게 5단계로 나누는데, 가장 부유한 계층이 5분위층이고, 가장 빈곤한 계층이 1분위층이다.

는 계산하고 있다.

시장경제의 가격법칙에서, 땅값이 너무 오르면 경제활동에 지장을 주게 되지만, 이 경우에도 최종적으로 희생되는 것은 근로자와 퇴직한 노인이다.

맨션과 아파트는 채산을 맞추기 위해 방의 면적을 점점 줄인다. 위클리 맨션이라는 주단위로 빌려주는 맨션은 15㎡의 상자와 같은 방이며, 작은 부엌과 유니트 버스 사이의 통로를 세 걸음 정도로 빠져나올 수 있으며, 벽에 수납되어 있는 더블 침대를 꺼내면 방은 꽉 차고 만다.[79]

그 맨션에는 지방에서 출장을 오거나, 연수를 오는 사원이 묵는다. 또는 통근에 2시간 이상 걸리는 곳에서 사는 사람이 밤늦게 귀가하는 대신 묵기도 한다.

"샐러리맨은 외롭다고 생각합니다. 무엇인가 마음에 여유가 없는 사람이 많죠"라고 프론트의 사람은 말한다. "파견, 장기휴가, 전직, 살아남기 위한 연수—임시로 와 있는 이웃에 관해서는 아무것도 모르며, 저마다 닫힌 상자 속에서 자신의 삶을 살아간다".[80]

더욱이 1실의 면적이 2.5㎡인 것도 있었다. 문을 열면 너비가 문폭만큼밖에 안 되는 방이다. 책상, 텔레비전, 전화, 세면대, 거울, 접이식 간이침대가 있고, 임대료는 월 2만 9천 엔부터 3만 8천 엔, 교도소 독방보다도 좁다. 이것도 임차인은 석달치를 한 번에 내야 할 정도로 인기가

---

79 _ 역주—맨션은 본래 '대저택'을 뜻한다. 그러나 한국에서나 일본에서나 맨션은 아파트를 뜻하는 말로 바뀌었다. 면적에서는 일본 쪽이 더 큰 문제를 안고 있지만, 어느 쪽이나 맨션의 본래 뜻을 왜곡하는 것을 넘어서 '사기'를 저지르는 것이라고 해야 옳을 것이다.

80 _ 《朝日新聞》, 1989年 6月 27日

있으며, 이 임대 맨션은 내년말까지 1천 수백 실로 확장할 예정이다. 미쳤다고 할 수밖에 없다.

다른 한편 공적인 사회자본을 정비해서 생활환경을 개선하려고 해도 땅값이 비싸서 공적 재정예산이 따라갈 수 없다. 1983년에는 1㎡당 42만 엔이었던 도쿄도 구부(區部)의 도로취득비가 1989년에는 6.8배로 뛰어올라서 287만 엔이 되어버렸다.

마찬가지로 공영주택용지 취득도 토지투기의 충격으로 매년 40%씩 줄어서 최근 3년간 취득할 수 있었던 면적은 18헥타르[81]밖에 되지 않는다.

외국대사관도 타국에 비해 3~4배의 경비가 든다고 비명을 지르고, 도지사에게 단체교섭으로 영향을 미치거나, 개발도상국은 대사관을 유지할 수 없도록 오르고 있다.

폭등한 토지를 노리고 은행과 지아게야와 폭력단이 토지나 주택 임차인을 폭력적으로 쫓아내는 등, 법치국가에서는 상상할 수 없는 사건이 잇따라 일어났다. 어떤 주부는 "이 지가폭등시대에 통근에 편리하고 아이를 기르기 좋은 곳에 집을 마련하는 것은 대단히 어려운 일이다. 만일 손에 넣는다고 해도 대출금 지옥이 기다리고 있다. 가난 속에서 일년 내내 안절부절못하고, 피곤한 얼굴을 한 부모 아래서 자라는 아이는 과연 행복할까? 게다가 노후를 대비해 저축도 해야 한다."[82]고 말한다.

---

81 _ 역주—1헥타르는 가로 100m × 세로 100m = 면적 10,000m²

82 _《朝日新聞》, 1987年 7月 11日

도시주택을 자신의 손으로 __ 협동주택운동

그러나 모두가 체념하고 있는 것은 아니다. 좋은 마을 만들기를 하고 있는 자치체도 있고, 한편에서는 협동(co-op) 주택추진협의회라는 자신의 손으로 좋은 주택과 지역사회를 만들어내는 건축가와 시민의 운동도 있다. 이미 209개 사례, 4,279호가 이 방식으로 지어졌으며, 지금도 도쿄도 하치오지시(八王子市)에 3세대 주택이 이 방식으로 지어질 예정이다.[83]

이 협동주택을 건설하는 운동은 '도쥬소'(都住創, 도시주택을 자신의 손으로 만든다)라고 불리며, 작게는 4세대의 집합주택부터 크게는 140호 정도의 협동마을까지 여러 가지 주택 만들기에 몰두하고 있다. 거주자들은 우선 모여서 조합을 만들고, 공동으로 사업계획을 세우고, 토지를 취득하고, 건축하고 관리한다. 처음에 싼 주택을 찾아서 참가했을 뿐인 사람들도 살기 시작하면서부터 생활방식을 함께 배우고, 지역만들기를 추구한다고 한다.

협동주택에는 (1)실비(實費)주의로 건축비를 공개한다, (2) 자기실현을 목표로 한다, (3)인간적인 공동체를 만든다, (4)주택과 지역사회를 함께 사는 공간으로 창조한다는 4가지 특징이 있다. 예컨대 집마다 방을 배정할 때, 우선 무기명투표를 해서, 인기가 높은 방, 평판이 나쁜 방을 찾아보고, 평판이 나쁜 방에 대해서는 모두 그 이유를 생각하고 개선한다는 시도도 재미있다. 아이의 놀이터와 공용방도 계획적으로 만들어지고 있다. 아마 앞으로 노인의 집합주택 등에 이 방식은 널리 채택

83 _ 神谷宏治ほか, 『コーポラティブハウジング』, 鹿島出版会, 1988

될 것이다.

그러나 집 만들기와 마을 만들기에 시민이 참가해서 주체적으로 자신들의 주거환경을 만들어낸다는 풍요로운 주체성과 생생한 힘으로 충만한 운동도 땅값의 폭등 때문에 질식해버리는 사태가 일어나고 있다. 노부토 야스히로(延藤安弘) 씨가 말하듯이, "집이란, 살고 싶다고 생각하는 생활방식을 기르기 위해, 인간과 인간 사이에, 또한 인간과 환경 사이에 좋은 상호관계를 창조하는 것이다. 현재의 상태는 인간관계, 인간과 지역의 관계를 갈기갈기 찢고, 도시의 본질에 커다란 구멍을 낼 뿐이다."[84]

돈의 풍요가 집의 풍요를 망쳤다

살 곳이 없다는 것은 가난한 것이다. 살고 있는 집이 최저주거수준조차 충족하지 못하는 것도, 직장이 먼 것도, 대출금에 쫓기는 것도, 너저분한 동네 가운데에서 소음과 자동차에 안전을 위협받는 것도, 공원과 도서관이 없는 것도, 재해시 녹지대가 없는 것도, 모두 가난을 상징한다. 생을 마칠 때가 되었어도 아직 안주할 곳을 가지지 못한 노인들이 있다는 것도 마찬가지다. 정치가 이러한 구조를 만들고 있으며, 경제가 그것을 원하고 있다.

그러나 여기에서 주택문제를 다룬 것은 물량 면에서 가난하다는 것만을 말하려고 했던 것은 아니다.

이러한 사회에서 자라는 아이들과 어른들의 인격, 사고방식과 감수

84 _ 『集って住むことは樂しいサ』, 鹿島出版会, 1987

성, 인간관계, 환경에 대한 책임 등이 깨지고 비틀어져서 장래에 대한 희망을 그릴 수 없는 황량한 빈곤이 주택문제 속에 있기 때문이다.

돈의 풍요가 집의 풍요를 망쳤다. 이 사실은 주택문제에서 선명하게 드러난다.

개인의 자유를 지탱하는 것 __ 공동체적 토대

일본에서는 대량으로 다양한 물건을 가지고 있다면 풍요롭다고 생각한다. 그러나 있어도 없어도 그만이라는 식으로 물건이 넘쳐서 쓰고 버리며 낭비해도 정작 주거와 같은 아주 기본적인 생활의 근거가 되는 것이 없다. 그것이 사람들의 생활에서 여유와 안정감을 빼앗는 것은 아닐까?

그렇기는 해도 말의 코 앞에 당근을 매달고 달리게 하듯이, 헝그리 정신으로 불안감을 부추겨서 일하게 하려는 속셈이라면, 차라리 기본적인 근거 등이 없는 쪽이 낫다.

우리의 일상생활에는 옷과 밥같이 시장에서 개인이 구입해서 소비하는 '개인소비'로 좋은 것과, 사람들이 공동으로 돈을 내서 사용하거나 소비하는 '공동소비'(사회화된 소비)로 좋은 것이 있다.

공동소비에는, 사회보장, 학교교육, 어린이집, 보건소, 국공립병원, 공중위생과 소방, 고용안정센터, 시민회관, 도서관, 우체국, 공원, 상하수도, 쓰레기처리, 도로와 교통안전대책, 다리, 공항, 항만 등 주로 공적 기관이 공공서비스로 행하고 있는 것과 극장, 스포츠시설, 전기, 가스, 전신전화, 사립학교, 청소, 목욕탕, 민간철도(私鐵), 사립학교, 사보험 등과 같이 주로 사적으로 경영되는 것이 있다. 또는 건축기준법과 노동기준법 등과 같이 자유경쟁사회에서 공공의 복지를 지키기 위해 생산과 소비에 공적인 질서를 정하고, 그것을 지원하고 감독하는 공공서비스도 있다.

공공서비스는 국민의 생활에 기본적으로 필요한 교육과 공영주택, 사회자본의 정비, 또는 국민생활에 필요하지만 채산이 맞지 않기 때문에 사기업이 공급하려고 하지 않는 복지서비스, 나아가 도로와 항만 같이 거액으로 장기간 투자를 해야 하고, 완성되면 많은 사람들이 이용하는 시설 등을 공급한다. 그러므로 공공서비스는 영리사업과 달리 효율성과 이윤을 제1목적으로 하지는 않는다.

예컨대 수도는 한 사람이 부설하려고 하면 막대한 비용이 들지만, 국민의 세금으로 이것을 마련한다면, 모든 사람들이 이용할 수 있고, 더욱이 한 세대당 경비는 조금밖에 되지 않는다. 또는 학교교육과 병원이라는 기본적 인권과 관련된 공공서비스는 과소지(過疎地)[85]에서도 아이와 사람이 있는 한 이용할 수 있어야 하고, 그 시설과 교원, 의사의 기준도 일정한 수준을 유지하지 않으면 안 된다.

학교에 아이들이 모여 친구들끼리 연대를 하거나 자극을 받을 수 있으며, 서로 개성을 일깨우고 계발하는 등 학교교육에는 개인교육에서는 얻을 수 없는 집단교육의 질적인 장점이 있다.

마찬가지로 공동소비로서의 사회보장은 세금과 보험료를 갹출하면, 건강한 때에는 불필요해도, 병이 들거나 부상을 당했을 때 경제적인 걱정 없이(자기부담을 빼면) 안심하고 진료를 받을 수 있는 이익이 있다. 그리고 그것이 인간의 생존을 지키는 기본적인 인권인 이상 세금을 거두는 나라가 책임을 지는 것은 당연하다.

인간으로서 교육을 받는 것은 개인적으로도 사회적으로도 절대로 필요하며, 살아 있는 인간에게 병이 들고 다치고 늙는 것은 당연한 일이다. 모든 사람에게 건강하고 문화적인 생활을 보장하기 위해서는 사회보장제도가 꼭 필요하다.

특히 실업과 정년퇴직 등으로 소득이 끊어지는 경우는 성실하게 일해도 일어나는 일이므로 본인의 책임이 아니다. 그것은 자본주의사회가 구조적으로 산출하는 결함인 이상 사회적으로 구제되지 않으면 안 된다. 그것은 어느 의미에서 기업의 책임을 대신하는 것이기도 하다.

현재, 우리는 사유재산제를 유지하며 온전한 개인으로 살고 있다고 생각하는 경향이 있다. 그러므로 자기책임이라든가 자립자조, 계약의 자유 등에 관해서는 당연한 것으로 생각하고 이상하게 여기지 않으며, 또한 개인으로 사는 것에 특별한 지장은 없다고 생각한다.

그러나 개인의 자유가 실은 공동체적인 토대에 의해 지탱되고 있다는 것을 잊어서는 안 된다. 공동체적 토대를 자연환경까지 넓혀서 생각하면, 그 의미는 더욱 분명해진다.

인간은 어떤 시대에도 사회적 동물로 살았으며, 개인으로 살기도 하지만 동시에 사회인으로서 공유의 장에 의지해 살아가기도 한다.

역사를 거슬러올라갈수록 개인은 공동체의 한 요소였으며, 개인으로서의 자유는 적었다. 생산력이 낮았던 시대에는 공동체의 일원으로 살지 않고는 자신의 생존을 유지할 수 없었기 때문이었다. 예컨대 촌락공동체의 일원인 것은 생존을 보장받는 것과 동시에 지배복종관계에 예속하는 것이기도 했다.

그러나 도로와 관개의 부역에 공동으로 종사하거나, 공유지와 유산 제도가 있거나 해서, 각자의 생활은 공동부분에 의해 크게 지탱되었던 것이다.

봉건적 공동체가 해체된 후, 개인은 독립하고 노동자나 시민으로 자유로운 계약을 맺어 일하고 상품을 매매해서 살아가게 되었다. 그러나 온갖 물건을 사유재산으로 해체해버린 것처럼 보이는 자본주의사회에서도 실은 세금의 형태로 다시 공유부분을 만들어내고 공동체적인 지원을 받으며 살아간다.[86] 사회자본이라든가 사회보장이라는 사회화된 공유부분은 봉건시대와는 달리 민주적인 합의와 참가에 의해 운영된다.

경제의 활력인가 인간의 활력인가

하지만 일본과 같이 강자의 손 안에 경제가치를 쌓아놓는 것이 풍요라고 생각하는 사회에서는 사람들의 근거인 공동부분을 충실히 하고, 기본적 인권을 높이고, 인간답고 창조적이며 활력있는 생활을 보장하려는 정책은 나오지 않는다.

그 반대로 공동부분을 삭감하고, 사유부분을 만드는 대로 확대하고 (이른바 규제완화), 경제경쟁을 하면서 약육강식의 사회다위니즘을 관철시키려고 하는 민활(民活)노선[87]이 성행하고 있다.

그리고 국민도, 불쌍한 사람이 권력자에게 애원한다는 식으로, 가난

---

86 _ 역주―이 점에서 국가는 현대사회를 유지하는 가장 큰 공동체의 성격을 갖는다. 복지국가는 특히 그렇다. 복지국가운동은 공동체운동이기도 하다.

87 _ 역주―민간의 참여를 통해 공공사업을 활성화한다는 정책노선. 실제로는 '토건국가'의 문제를 더욱 악화시키고, 공공부분을 일반 기업에게 넘기는 노선이다.

을 호소하고 가난한 자에 대한 동정심을 이끌어내는 식으로 사회보장을 '은혜'로 획득해왔던 것이다. 이러한 자선적 차별사상에 의거한 가난구제정책은 인권 면에서 국민의 복지를 향상시키지 못한다.

그렇기 때문에 나카소네 내각의 제2임조의 행정개혁으로 후생성 예산이 가장 먼저 대량삭감되었을 때도 대중매체를 포함해서 사람들은 방식이 잘못되었다는 반응을 보이고 국민 전체의 권리로 싸우려고 하지는 않았다.[88] 그뿐이었을 뿐, 일본적 자조의 원칙에 의해 선진국병에 빠지지 않고 어리광을 그만두고 더 열심히 일하게 될 것이라고 찬미하기조차 했던 것이다. 이 '말의 코 앞에 매단 당근'의 철학은, 한편에서는 이익을 유도하면 무엇이든지 해결된다는 정치와 정책을 만들어내고, 다른 한편에서는 복지를 충실히 하면 사람이 게을러진다. 오히려 본보기로 불행한 사람을 남겨두는 쪽이 낫다는, 반인권과 비인간적 풍조가 지배적이었던 것이다. 일본에서 여유와 풍요가 사라진 가장 큰 이유는 이러한 반인권 철학 때문이다.

관리를 강화해서 효율을 다투고, 효율이 나쁜 것은 사람이건 농업이

---

88 _ 역주―1973년의 제1차 석유위기로 서구 복지국가에 위기가 닥치게 되었다. 1979년 영국에는 대처 수상이, 1980년 미국에는 레이건 대통령이 등장해서 강력한 신보수주의정책을 펼치기 시작했다. 그 핵심에 경쟁력 강화를 내세워서 복지를 삭감하는 정책도 포함되어 있다. 1980년에 일본 수상이 된 스즈키 젠코, 그의 뒤를 이은 나카소네 야스히로도 대처와 레이건의 정책을 적극적으로 받아들였다. 이를 위해 스즈키와 나카소네 내각은 '임조'(臨調, 임시행정조사회)를 통한 '행혁'(行革, 행정개혁)을 추진했다. 그 핵심은 '작은 정부', '민간활력'을 통해 증세없는 재정재건을 이룬다는 것이었다. 그러나 일본 정부의 재정적자는 그 뒤로도 계속 걷잡을 수 없이 늘어났다. 이것은 정치권과 토건업이 유착해서 재정을 탕진하고 국토를 파괴하는 '토건국가'의 구조 때문이다(「토건국가」에 관해서는 『개발주의를 비판한다』(홍성태)와 『개발공사와 토건국가』(홍성태 엮음)를 참조). 미국 정부의 재정적자도 마찬가지이다.

건 버리는 것이 당연시되었다. 경제성장을 둔화시키는 것은 모두 적이며, 정치와 경제의 목적은 복지사회 실현에 있는 것이 아니라 강자의 손에 부를 축적하는 것에 있었다. 그러므로 공적 개입의 배제를 외치면서도, 나라에 의한 산업기반정비, 첨단기술에 대한 개발보조금, 세금의 특별조치 등에 관해서는 특권이 인정되었다.

활력있는 사회라고 하면, 정말로 생기있는 좋은 사회처럼 들린다. 그러나 경제의 활력과 인간의 활력은 결코 같은 것을 의미하지 않는다.

인간의 활력이란 경제의 활력을 포함하면서도 더 깊고, 경제의 활력을 지탱하는 원천으로서의 인간의 창조력을 의미하기 때문이다.

창의적 공부, 장래를 내다본 계획, 자발적 의욕, 인간 주체성의 발휘라는 자주적이고 자유로운 행동은 기아, 질병, 무지, 인간성을 억압하는 권력에서 해방될 때 최대한으로 발휘될 수 있다.

또한 거대한 생산력을 가진 도시화사회에서는 아무리 돈이 많아도 사회의 영향에서 벗어날 수 없다. 교육, 공중위생, 물과 대기의 오염, 대중매체, 범죄, 어느 면에서도 그렇다. 그러므로 현대사회에서 인간의 존재와 안전은 다른 사람과의 관계 속에서만 지켜질 수 있다.

나아가 사회보장은 소득 재분배에 의해 국민의 생활을 안정시키고 향상시키며, 그렇게 해서 건강한 노동력을 보장하고, 국내시장을 확대안정시켜서 소비의 폭락을 막는 효과도 있다. 또한 불황산업을 완만하게 전환하게 하고, 여러 사회시스템을 개량하는 원동력도 되며, 노동생산성을 높이고, 경제활동을 지탱한다.

민주주의사회가 다수 사람들의 합의를 기초로 해서 운영되는 것이라면, 합의를 이루기에 걸맞은 토대, 즉 생활의 필수영역에서의 평등과 주체성있는 의견을 말할 자유를 사회가 축적하지 않으면 안 된다.

약자도 끌어안는 '공존의 원칙'

인간 사회가, 한편에서는 풍부한 생산물 덕분에 소비생활을 풍요롭게 하고, 또한 높은 생산력이 복지사회의 실현에 이바지해 온 것을 볼 때, 효율성이라는 경제원칙이 인간사회를 지탱하는 원칙의 하나라는 것을 긍정할 수 있다.

그러나 다른 한편에서는, 경제원칙과는 들어맞지 않는 듯한, 사회원칙이라고 해야 하는 것이 인간사회를 지탱하고 있는 것도 잊지 말아야 한다.

그것은 약자도 끌어안거나 일을 한다는 관점을 넘어서는 '공존의 원칙'이라고 해야 한다. 예컨대 가족이라는 공동체 안에서는 약자일수록 중요하게 여겨지고 보살핌을 받는다. 그것은, 무엇을 위해서가 아니라, 다만 그렇게 하지 않으면 안 되기 때문이다. 그리고 그러한 공존의 사회원칙을 존중해온 사회는 효율이라는 경제원칙에서 보면 곧 망할 것처럼 보이지만, 역사적으로는 거꾸로 번영해왔다.

나치 국가와 같이 약자와 정신장애자처럼 약한 사람들을 죽여서 도태시키려고 했던 사회는 효율을 좇다가 거꾸로 망했으며, 저마다의 생활을 보장하고 다양한 개성을 인정한 민주주의국가는 그 다양성 때문에 풍요로운 사회를 만들었다.

사이토 시게오(齊藤茂男) 씨는 다음과 같은 민속학적 해석을 소개하고 있다. 가게 앞에 있는 프시케상은 수두증이 있는 아이를 모델로 한 것이며, 옛날에는 장애자를 가족이 소중하게 품고 있는 집은 번영한다는 말이 있었다. 이러한 부를 부른다는 유래를 가지고 가게를 장식하게

되었다는 것이다.[89]

나는 어떤 상징적인 사건을 떠올렸다. 두 명의 혈우병을 앓는 아이를 가진 작가가 아이의 입원치료를 위해 생활보호의 적용을 받고 의료부조를 받았다. 그것에 대해 어떤 대학교수가 아이의 혈우병 치료를 위해 건강보험공단에서 지불된 금액을 들며, 장남은 그렇다치고, 차남까지 낳지는 말았어야 한다는 의견을 밝혔다.

그 의견에 관해 어떤 의대 교수가 의학의 관점에서 신문에 반론을 발표했다. 기억나는 대로 소개하자면, "의학과 약학은 수천 명 중 한 명인 난치병 환자를 구하기 위해 많은 비용을 들여서 치료도 하고 연구도 한다. 그러나 그 결과 이제까지 밝혀지지 않았던 인간의 생리적 구조가 발견되거나, 어떤 난치병 환자를 위해 만들어진 약이 생각하지 못했던 다른 병에 효능을 발휘하기도 한다. 눈앞의 효율을 위해 환자를 제거해버리는 식으로는 의학의 발달은 이루어지지 않는다"고 말했다.

"길을 묻고 싶으면 장님에게 길을 물어라"라는 옛말을 즐겨 인용했던 사람은 후쿠오카현 치쿠호(筑豊) 지역의 탄광에서 글을 썼던 우에노 히데노부(上野英信) 씨인데, 길을 잃었을 때, 가장 겸손하고 정확하게 길을 가르쳐주는 사람은 눈이 보이는 사람이 아니라 눈이 안 보이는 사람이라는 의미이다.

나도 여러 차례 사회조사를 했을 때 가장 날카롭게 사회에 대한 통찰을 말했던 사람은 장애를 가진 사람, 또는 불행을 안고 사는 사람이었다. 그 사람들은 일반인에게는 보이지 않는 사회와 인생의 진실을 볼 수

---

89 _『生命かがやく日のために(생명이 빛나는 날을 위해)』, 共同通信社, 1985

있었다. 나는 그것에 깊이 감동했던 기억이 있다.

사회보장을 삭감해온 일본의 보수정치

그러나 일본 보수당의 정책은 이러한 사회원칙을 짓밟아왔다. 집중호우적인 수출에 의한 경제성장과 그 이면의 군비 확대, 농업 도태를 마구 추진하고, 생활의 토대를 지탱하는 사회보장에 대한 재정지출을 차차 삭감했다.

"노인을 위해 돈을 쓰는 것은 죽은 나무에 물을 주는 것과 같다."

"젖소도 젖이 나오지 않으면, 바로 도살장으로 보낸다. 노인도 그와 마찬가지로……"

이러한 정치인의 발언이 잇따르고 있지만 그렇다고 해서 파면당하지도 않는다.

1980년, 노인홈 신과금제도 도입(입소자 및 자녀의 부담 증가).

1982년, 홈 도우미, 일부 유료화.

1983년, 노인보건법 및 생활보호행정 제3차 적정화(수급 억제).

1984년, 건강보험법 개정에 의한 본인 10% 부담 도입.

1985년, 사회보장 국고부담율, 80%에서 70%로 10% 삭감(다음 연도에는 그것이 50%까지 삭감되고, 1989년에는 생활보호가 75%로 약간 부활한 것 등을 빼고는 삭감된 채 상구화되었다).

그후 연금제도, 아동수당, 아동부양수당이 개정되고, 나라의 재정부담이 가벼워진 만큼 국민의 가계부담은 무거워지는 상황이 오늘까지 이어지고 있다.

리크루트사건[90]이나 역진적인 세제 완화(마루유[91] 폐지, 이자배당에 대한 원천분리과세가 35%에서 20%로, 누진과세의 최고세율이 70%에서 50%로, 법인세는 42%에서 37.5%로. 그리고 소비세 도입) 등은 그런 흐름 속에서 빙산의 일각일 뿐이다.

그런데 사회보장이 삭감되면 국민의 생활이 어떻게 변화할까? 국민생활을 제일로 생각하는 정부와 국민생활을 제일 먼저 버리는 정부가 있다고 한다면, 후자의 국민은 더욱더 자기방어적으로 변하지 않을 수 없을 것이다.

생활의 근거를 잃은 국민은 인생이 길어진 만큼 불안이 커지고 결코 풍요로운 느낌이 들지는 않을 것이다. 그 실례를 노인문제와 생활보호 문제로 좁혀서 간단히 말해보고 싶다.

크게 줄어든 연금과 노인의료비

노인생활의 기둥은 연금과 의료비의 전액급부 및 간호이다. 또한 이미 말했듯이 주택은 노인생활의 전제이다.

노인을 노동력으로 여기기 때문에, 더 일하지 않는 노인에게 재정지출을 하지 않으려는 정부는 우선 연금을 이제까지 수준의 거의 65%로 줄였으며, 노인보험법을 도입하여 70세 이상의 노인 진료를 제한했다.

....

90 _ 역주―일본 최대의 취업정보 제공업체인 리크루트사가 정·관·재계의 실력자들에게 뇌물을 준 초대형 사건. 1988년 6월에 수사가 시작되어 1989년 2월에 에조에 히로마사(江副浩正) 리크루트회장이 뇌물수수로 혐의로 구속되었다. 4월에는 다케시타 노보루(竹下登) 내각이 이 사건 때문에 퇴진했다. 이어서 정계의 막후 실력자였던 나카소네 야스히로(中曾根康弘) 전 총리가 사태의 책임을 지고 자민당을 탈당했다. 이로써 '정치개혁'의 바람이 불기도 했지만, 결국 이루어진 것은 아무것도 없다.

91 _ 역주―マル優. 소액저축비과세제도

국민연금을 예로 들면, 월 8천 엔의 보험료(앞으로 매년 4백 엔씩 인상해서 1994년에는 1만 엔. 그 뒤의 보험료는 새로 정해질 예정)를 매달 40년간 계속 납입하면, 겨우 월 5만 2천 엔(시가)의 연금액을 원칙적으로 65세부터 받을 수 있다.

그러나 만일 민간 금융기관에 매월 1만 3천 엔씩 적립하면, 이자율을 실질 3%로 해도 매월 8.8%의 급부를 받을 수 있다고 한다(가가미 겐지 씨의 추산에 의한다).

이것은 연금에 가입할 의욕도 없어지게 할 것이다. 실제로 이미 25%의 사람이 국민연금에서 탈퇴하고 있다. 정부는 연금의 수준을 내리면, 연금제도는 붕괴한다고 하지만, 탈퇴자가 늘어나도 붕괴하지 않을까?

정부는 연금 수준을 내리면서 노인인구의 급증을 이유로 들었다. 장래에 3명이 1명의 노인을 부양하지 않으면 안 되므로, 연금 수준을 내리지 않으면 큰일난다는 것이다.

확실히 현역에서 일하고 있는 근로자 인구와 65세 이상의 노인인구를 비교하면, 정부가 말하는 대로이다. 그러나 근로자가 부양하는 것은 노인만이 아니다. 전업주부, 아이, 병자, 실업자 등은 모두 비노동인구로 부양받고 있는 사람들이다. 그런데 노동하는 사람이 노동하지 않은 사람을 부양하는 부담율은 1970년부터 2000년까지 거의 변화가 없다.

즉 사회 전체적으로 볼 때 일하는 사람의 부담은 늘어나지 않으며, 생산력이 높아지고 여성도 일하게 되면, 일하는 사람의 부담이 그만큼 커지지 않는다고 생각할 수 있다. 연금이라는 형식을 취하지 않더라도, 실제로는 일하고 누군가가 생활비를 부담하고 있기 때문에, 연금이 적어졌을 뿐 결국 누군가가 돌보는 것이 된다.

만일 노인이 앓아 눕게 되었을 때, 연금으로는 도우미를 부를 수 없다고 한다면, 며느리가 그 일을 하게 될지도 모른다.

일본보다 국민소득이 낮고 노인인구 비율이 더 높은 스웨덴과 서독에서 왜 저 정도의 노인복지가 이루어지는 것일까, 일본의 후생성과 정부의 설명은 이해할 수 없다.

1986년 4월의 「고령자대책기획추진본부 보고」 및 1987년 6월에 발표된 '후생성 국민의료총합대책본부'의 중간보고와, 당시의 보험국장(뒤의 사무차관) 요시무라 히토시(吉村仁)의 설명을 읽으면, 보수당 정부의 사회보장에 대한 정치철학을 잘 알 수 있다.

그것은 국민의 건강을 지키는 입장이 아니라 사회보장에 대해 어떻게 재정지출을 절약할까라는 입장에서 생각해낸 대책이었다.

거기서 찾아내고 있는 것은 연금, 의료, 간호에 대한 국민의 자조노력이며, 공적 서비스의 범위를 할 수 있는 한 줄이고, 뒤는 사기업에게 맡기며(따라서 가난한 사람은 서비스를 받을 수 없다), 나아가 공적 사회보험에서도 자기부담을 더욱 늘린다는 것이었다. 보험료 체납자에 대해서는 보험증을 빼앗아 보험료를 받지 못하도록 하는 것도 포함되어 있다.

요시무라 보험국장은 '의료망국론, 의료비효율체감론, 의료비수급과잉론'의 세 가지 점에서 의료비를 살펴보고, 시장경제의 메커니즘이 작동하지 않는 의료보험을 고치지 않으면 안 된다고 한다. 그렇다면 경제효율 면에서 그 최대의 대상은 말할 것도 없이 이제는 경제가치의 창출에 이바지하지 않는 노인의 의료가 된다.

"해가 갈수록 대체로 심장이 조금씩 나빠지고 신장도 조금씩 나빠진다. 그것은 당연한 일…… 필요한 한도에서 치료하면 좋지 않을까?"

즉 환자에 대해 어떤 의료가 바람직한가라는 급부의 면에서 의료를 생각하는 것이 아니라 국고부담 차원에서 의료를 생각해야 한다는 것이다. 예컨대 성인병에 대해서는 (1)표준적인 진료지침을 만든다(즉 표준 이상의 의료에 대해서는 보험을 적용하지 않는다), (2)입원시 식비와 병실비, 나아가 식사 이외의 비타민 등은 보험에서 제외한다. (3)의사와 간호사 수는 이미 과잉(간호사 수는 절대로 충분한 상황이 아니다)이므로 억제한다. (4)연금제도의 기초연금과 보조를 맞춰서 의료보험도 기초적부분만을 국가가 보장하고, 뒤는 부가급부에 대한(노인은 더블 펀치를 맞는다) ……의 식으로 여러 대책을 구체적으로 말하고 있다.

이런 변화의 연장선에서 1983년부터 실시된 노인보건법은 70세 이상의 노인에게 의료를 제한하고, 입원한 경우에 일찍 퇴원시키지 않으면 병원이 적자가 되도록 진료보수가 정해져 있다. 즉 1일, 2,250엔의 입원관리비를 2주, 1개월, 3개월, …… 로 길게 입원하는 만큼 점점 줄여서 750엔까지 감액하고, 나아가 검사, 주사, 조치에도 커다란 제한을 하고, 그 이상의 진료를 했을 경우는 보험에서는 지불하지 않는다(즉 환자의 자기부담). 그러므로 노인병원은 적자를 막기 위해 간호비라는 명목으로 매월 최저 5만 엔에서 수십만 엔을 별도로 환자에게서 받지 않을 수 없다.

노인보건법에 따라서 발족한 노인특별병원은 의료행위를 많이 할 수 없도록 환자 1백 명당 의사 3명(일반병원은 6명), 간호사 70명(일반병원은 25~40명)으로 정하고 있다.

더욱이 후생성은 간호를 주로 하는 노인보건시설(중간시설로서의 간호소)을 정비하고 있지만, 여기에 입소하는 노인은 5만 엔 정도의 이용료(생활비)를 부담해야 한다. 그러나 이제까지 실시된 간호소는 생활비에 10만 엔이 들며, 자기부담분은 어디까지 올라갈지 예측할 수 없다.

또한 일반병원에서 이학요법실을 가진 곳은 52%, 소규모병원이 42%라는 상황을 생각하면, 간호소에 들어가도 재활이 이루어진다고 생각하기 어렵다. 즉 후생성의 생각대로 국고부담은 더 가벼워지겠지만, 노인 쪽에서는 비용만 늘어나고 몸은 회복되지 않을지도 모른다.

양호노인홈(1인, 월 약 20만 엔)과 특별양호노인홈(1인, 월 약 30만 엔)에 대한 국고보조도 본인 및 부양의무자의 자기부담으로 바뀌어서 소득에 따라 최고는 비용 전액을 양쪽에서 징수하는 것으로 되었다. 양호노인홈에서는 본인의 부담 최고 8만 엔, 특별양호노인홈에서는 12만 엔, 부양의무자는 양 홈에서 소득에 따라 최고는 잔액의 전액을 지불한다. 1986년부터는 신체장애자 갱생원호시설도 마찬가지로 본인 또는 부양의무자에게서 비용을 징수하고 있다.

간호에 지친 가족, 간호의 손을 뺀 노인홈

지금 65세 이상의 고령자는 총인구의 11%를 넘어서 9명 중 1명이다. 4세대 중 한 사람은 65세 이상의 고령자이다. 또한 집에 누워 있는 노인은 60만 명을 넘는다.

1백만 명이 넘을 것으로 추계되는 전국의 일반병원과 의원의 입원환자의 절반은 65세 이상의 노인이며, 그 중 40%가 뇌졸중 환자이다.[92]

---

92 _ 厚生省, 『患者調査の概況』, 1987

1989년 3월에 발표된 『후생백서』는, 10년 전 신경제 7개년 계획이 밝힌 '가족의 상호부조를 기초로 한 일본형 복지'는 현실에 맞지 않는 것을 겨우 인정하고, '부인이 남편을, 딸이나 며느리가 부모를'이라는 여성에게 의존한 노인간호는 현실적이지 않다고 뒤늦게나마 밝히고 있다.

그러나 그렇게 말은 하지만 도쿄도만 해도 특별양호노인홈 1백 개 시설에 9천 7백 명의 노인이 입소해 있으며, 입소를 기다리는 노인이 이미 2천 7백 명이나 되고, 심지어 1∼2년씩 기다리는 노인은 수두룩다고 한다. 간호인이 없는 노인은 반년이나 기다리다가 사망하기도 하므로 실제로는 훨씬 많은 노인들이 입소를 기다리는 셈이다.

1988년 2월 4일 나카노구에서 80세의 어머니를 보살피던 53세 주부가 간병에 지쳐서 어머니를 목졸라 숨지게 했다. 자신도 건물의 옥상에서 뛰어내려 자살했다. 2년 동안 어머니를 간병한 끝에 지쳐서 "어머니, 11시 반 사망. 저를 용서해주시길. 쓸쓸하고 미안하다"고 쓴 쪽지를 남기고 건물에서 뛰어내렸다. 이웃의 주부는 "어머니를 사랑한 사람이었다"고 말한다.[93]

1989년 4월 4일, 사이타마현 오미야시에서 눈이 부자유스러운 데다가 심장병이었던 아내를 20년간 간병한 87세의 남편이 자신도 몸을 잘 가눌 수 없게 되어서 아내를 목졸라 숨지게 하고, 1시간 뒤에 자신도 목매달아 자살했다. 코타츠[94] 위에 "두 사람뿐이고 친척도 모두 죽었으므로 데리고 간다"고 쓰인 유서가 있었다.[95]

93 _《読売新聞》. 1988年 2月 5日
94 _ 역주─화로에 나무로 짠 배롱(화로덮개)을 얹고, 그 위에 이불 따위를 씌운 난방기구.
95 _《朝日新聞》. 1989年 4月 5日

이러한 사건은 거의 매일같이 어느 신문에서나 볼 수 있다. 간호에 지치면, 부모를 맡기는 시설은 깊은 산속에 있는 민영 노인병원이며, 몇 명이 함께 쓰는 일반병실에서 침대에 묶이고, 화장실에 가는 것은 도와줄 사람이 필요하므로 기저귀를 채운다. 그 기저귀도 자주 갈아주지 않는다. 식사도 시간이 걸리므로 즙을 빨아먹게 하거나 코로 관을 넣어 주입한다.

백십자특별양호노인홈의 나카가와 아키테루(中川晶輝) 씨는, 특별홈의 개실화가 지금 일본에서는 사치라고 생각하는 것에 관해, 학생도 개실의 하숙, 관료도 개실의 호텔에서 숙박하는 시대에 왜 일본의 노인만이 개실을 허락받지 못하는 것인가라고 한탄한다. 70~80년이나 자신만의 삶의 방식으로 살아온 노인이 일반병실에서 24시간, 서로 얼굴을 맞대고 있으면 문제가 생기지 않을 수 없다. 또한 나카가와 씨는 침대를 커튼으로 칸막이해도 배설할 때 냄새나 소리가 나는 등 프라이버시를 제대로 보호받지 못해 치욕감을 느끼는 노인들을 노망으로 몰아넣는다고도 말한다.

노인병원과 홈에서는 간호에는 수입이 따르지 않기 때문에, 비용을 절약하기 위해 일손을 줄이고(또는 질을 낮추고), 따라서 노인을 침대에 묶어놓고, 화장실에 갈 수 있는 노인에게도 기저귀를 채운다.

일본에서는 높은 수준인 특II류라는 간호체제조차 유럽의 간호소(특양노인홈) 수준에 지나지 않는다. 일본은 약과 의료기계에는 높은 보수를 지불해도 성실한 간호는 평가하지 않는 나라이다. 병원에서도 시설에서도 직원은 바쁘게 움직이지만, 노인의 이야기 상대가 되어주거나, 신문을 읽어주는 모습은 눈에 띄지 않는다. 여기에서도 풍요의 역전현상을 볼 수 있다.

파리의 사회보장정상회의에서 일본의 후지모토(藤本) 후생성 장관이 사회보장의 효율화를 강조하고 민간활력의 도입을 제창했을 때, 동조한 것은 미국뿐이었으며, 유럽의 선진국은 복지의 정신은 연대라는 것을 주장했다.

미국의 간호소는 미국의 치부라고 하며, 중급 이상의 간호소에서도 이상한 냄새와 오물에 덮여 노인은 죽어간다. 극히 일부의 돈 많은 노인은 좋은 병원에 있지만, 거대한 군립병원은 어둡고 살풍경한 일반병실, 적은 간호사, 한 줌의 자원봉사자. 인권의 영역에까지 경제경쟁이 적용되어 빈부격차는 죽음에 이르기까지 당연한 것으로 여겨지고 있다. 일본이 미국형 복지를 따라간다면, 결국 경제의 풍요는 인간의 풍요를 빼앗고, 오히려 재정지출은 늘어나지 않을 수 없게 된다.

유럽에서는 복지서비스의 질의 고저는 일손의 다소에 달려 있다는 것을 잘 알고 있다. 정성을 다한 간호가 없이는 풍요로운 인생의 최후도, 풍요로운 죽음도 있을 수 없다.

니키 류(二木立) 씨에 의하면, 인구당 가정 도우미 수는 노르웨이가 일본의 52배, 스웨덴 44배, 덴마크 24배, 네덜란드 11배, 영국 10배라고 한다.

침대 1백 개당 직원수는 미국 269명, 덴마크 224명, 캐나다 213명에 대해 일본은 77명.

《아사히신문》의 오쿠마 가즈오(大熊一夫) 씨에 따르면, 덴마크의 카른보시는 인구 2만 명, 기후현 이케다정은 인구 2만 2천 명으로, 두 도시의 인구는 거의 비슷하다. 65세 이상의 고령자가 카른보시에는 3천 명이고 이케다정에는 2천 7백 명이다. 이것도 거의 같다. 그렇지만 카른보시에는 방문 도우미가 110명인데, 이케다정에는 3명밖에 없다. 방문간호사는 카른보시에는 15.5명이지만, 이케다정에는 1명뿐이다. 그것도 노인홈의 직원이다.

정부는 간단히 연금액을 비교해서 일본의 수준도 국제적이라고 말하지만, 백보 양보해 그 평균숫자를 인정하더라도, 약간의 연금으로 주거비와 방문간호의 비용, 의료비도 지불하지 못하고, 게다가 병원에서는 쫓겨나고, 들어갈 양호노인홈도 없는 일본과, 노인에 대한 복지서비스가 잘 짜여 있는 나라와는 연금이 가지는 의미가 완전히 다르다.

1987년 OECD의 국민소득통계에서는 세금과 사회보장비의 합계가 일본 32.9%, 스웨덴 58.3%이다. 그러나 보험료는 일본이 노사정이 거의 1/3씩 내는 것에 대해 스웨덴에서는 노동자 1에 대해 사용자 46, 정부가 45이다.

일본에서는 주택과 교육비도 높고, 생활이 불안해 준비하지 않으면 안 되므로, 세금이 높다는 스웨덴보다 일본 쪽이 생활수준으로서는 훨씬 빈곤하다.

오사카부의 한난추오병원의 오카모토 유조 씨는 말한다. "누워 지내는 노인은 없다. 누워 지내도록 강요당한 노인만 있을 뿐이다"(이렇게 되지 않도록 덴마크의 노인홈에서는 입실자 1인당 직원 1명을 배치하고 있다). 3일이나 누워 지내게 하면, 노인은 관절이 굳어 버리고, 근육이 약해지며, 곧 걸을 수 없게 된다고 한다.

돈이 많은 사람에게는 화려한 민영 노인홈이 있으므로 안심이라고 생각하는 사람이 있겠지만, 입주금의 일부밖에 돌려받지 못하고, 상주할 예정인 의사는 언제까지고 미정이며, 최악의 경우에는 도산하기도 하는 등, 상품화된 노인복지에 대한 불안의 씨앗은 없어지지 않는다. 돈으로 복지의 질을 살 수는 없다. 자립자조의 토대를 나라가 지탱하지 않는 한, 인권은 돈으로는 해결할 수 없다.

가난한 사람을 죽게 내버려두는 국민건강보험

복지행정이 도와야 하는 사람을 돕지 않는 것은 그 사람을 죽이는 것이기도 하다. 1987년 4월, 가나자와(金澤)시에서 국민건강보험료를 내지 않은 악덕체납자라서 보험증을 교부받지 못하고(악질인가 아닌가 조사도 이루어지지 않았다. 사실은 의형이 직장인 금융의 융자를 받을 때 연대보증을 섰기 때문에 융자금을 덮어썼다.), 병원에 가야 하는 것을 미루고 미루다가 세 명의 아이를 가진 주부가 병사했다.

가나자와시의 경우, 1985년 1세대당 국민건강보험료는 연평균 14만 1천 엔으로, 1982년의 1.5배가 되었다. 보험료가 감면되는 것은 전체 세대의 0.14%였다.

후쿠오카현 이와키시에서는 1987년, 4인 가족, 연수 2백만 엔인 세대의 국민건강보험료가 23만 엔, 매월 1만 9천 엔으로, 소득세의 약 10배이다.

아키다(秋田)시의 어느 시민은 재판소에 낸 제출자료에서 "매월 10만 엔에 미치지 못하는 급여에서 임대료와 공과금 등을 빼면 겨우 먹고 살 수 있을 뿐이다. 그런데 아이 두 명과 부부의 건강에 불가결한 국민건강보험세 7만 3천 엔을 내라고 하니. 담당과는 낼 능력의 유무도 따지지 않고 정해진 것이라며 납부서를 발행하는 것입니까?"[96]라고 호소하고 있다.

이런 사람들은, 악질이 아니어도, 건강보험에서도 연금에서도 탈락하고 말 것이다. 만일 높은 국민건강보험료를 내고도, 병에 걸리면 자기가 부담을 해야 하는 것이다.

더욱더 엄격해지는 생활보호의 수급제한

생활보호는 기본적 인권으로서의 생존권이 구체적으로 어떻게 보장되고 있는가를 보여주는 것이며, 국민에게는 최후의 근거가 되는 최저생활보장이다.

내가 아는 사람은 남편과 사별하고 어린아이를 안고 겨우 찾은 저임금의 재취업 일자리에서 필사적으로 일하면서 이렇게 말했다.

"살기 위해 재혼을 하려는 사람도 있다. 그런데 사랑을 느끼지 않는 사람과 결혼하고, 상대의 안색을 살피면서 아이를 기르는 것은 바람직하지 않다. 이제 내가 넘어졌어도 생활보호가 있다고 자신을 타이르며 꿋꿋이 살아가고 있다. 생활보호는 오늘까지 끝내 받지 못했지만, 그것은 내 마음속의 지주였다."

그렇지만 생존권의 최후 근거인 생활보호에도 '적정화', 즉 수급제한의 압박이 강화되어 생활보호 신청자를, 어떻게 하면 제외할 것인가가 복지사무소의 담당자가 하는 주된 일이 되었다고 한다.

인간은 노동이 혹독한 것이라고 해도, 그 노동이 사회에 이바지하는 것이라고 스스로 납득할 수 있다면, 그런 대로 노동의 즐거움을 느낀다.

---

96 _ 篠崎次男·古川圭助 編著, 『岐路に立つ国民健康保険』, 自治体研究社, 1987

그러나 지금 복지의 현장에서 근무하는 지방공무원은 곤궁한 주민과 압박하는 나라 사이에 끼어서 좌절감과 무력감을 느끼며 소모되고, 자리를 바꾸고 싶다고 답한 사람이 80%나 된다고 한다.[97]

복지사무직원이 본래 해야 할 업무는 보호를 받고 싶은 사람과 받고 있는 사람을 상담하며, 자립할 수 있도록 돕고, 병자와 고독한 사람이 사회인으로서 인간다운 생활을 할 수 있도록 돕는 것이다.

모든 국민은 곤궁에 빠졌을 때, 그 원인이 무엇인가를 떠나서 모두 평등하게 국가의 책임으로 건강하고 문화적인 생활을 할 수 있도록 생활보호를 받을 수 있다고 생활보호법 제1조, 2조, 3조는 규정하고 있다.

그러나 현실은 후생성의 엄격한 압박과 감독이 있기 때문에 (서류와 조사가 구비되지 않아서 부적정한 지급으로 간주되면, 생활보호비의 70%에 해당하는 국고부담분을 5년간 소급하여 반환하지 않으면 안 된다), 생활보호를 상담하러 오는 주민에게 위법이라고 할 수 있을 정도로 많은 제출자료를 요구하거나 신원조사를 하고 있다. 본인에게 입증책임이 있는 것은 아닌데도, 증명할 자료를 제출할 때까지 신청서조차 주지 않는다.

될 수 있는 한 체념하도록 하기 위해, 복지사무소에 최소 세 번 이상 오게 하거나, 내연관계가 깨진 사람, 이혼과 유기(遺棄) 때문에 소식을 알 수 없는 사람을 찾아내서, 부양에 관해 조회한다거나, 증명을 갖고 이사하도록 시킨다거나, 친족의 수입을 조사하거나, 살고 있는 주소의 반경 3백 미터 안에 있는 금융기관을 조사한다거나, 집에 있는 물건을 조사하는 등, 경찰관이 심판관이라고도 말할 수 있을 정도이다.

---

97 _ 広島県, 福祉事務職員に対するアンケート結果, 1988

1981년 제2임조의 발족 무렵부터 복지억제책은 엄격해졌으며, 후생성의 123호 통지 '생활보호의 적정실시의 추진에 대해'가 나온 뒤는 생활보호의 수급자 수를 절반까지 줄이는 것이 행정의 목표가 되었다. 그 때문에 많은 수급자의 생활보호를 자발적으로 철회시키는 (행정불복심사의 대상으로 되지 않도록) 직원은 유능한 것으로 간주되고, 보호신청을 수리한 비율이 높으면 책임을 물었다. 그 결과, 1987년도에는 553억 엔의 생활보호비가 남았다.

1988년 8월 17일, 어느 의사는 《아사히신문》 '논단'에 다음과 같이 투고했다.

> (어느 홀로 사는 노동자가) 심한 복통을 호소해서 구급차로 병원으로 옮겨져 치료를 받았지만, 본인은 병원비 지불능력이 없었다. 병원에서 담당 복지사무소에 연락하자, "왜 입원시켰나요? 우리는 보살펴주지 않으니 곧 퇴원시키세요"라고 말하며, 병원 쪽의 설명을 들으려고도 하지 않았다고 한다. …… (어느 복지를 생각하는 모임의 보고서)에는 "장례를 치러줄 사람이 없다면, 해부실습용 인체기증 등록을 하도록" 집요하게 '지도' 받은 예(복지사무소 장례비 10만 엔을 절약할 수 있기 때문에), 아침 8시 무렵 식사하고 있을 때 찾아와서 "생활보호를 받고 있는 주제에 달걀을 먹는다는 것은 사치다"라고 막말을 퍼부은 예, 입원한 병실로 매일 찾아와서 같은 병실에 있는 환자들의 면전에서 생활보호 신청을 철회하도록 한 예 등이 있다. …… 일방적인 복지비용 삭감에 제동을 걸어야 하는 것은 아닐까?

그러나 이런 사건은 보기 드문 것이 아니다. 어느 복지사무소는 일반

병원에 입원한 생활보호 수급자를 비용이 싼 문제병원(도쿄도 위생국 의무과의 감독 결과, 병상 40% 과잉, 의사와 간호사 수는 기준의 절반, 엄중한 주의를 받은 무라야마추오(村山中央)병원)으로 강제적으로 옮겨 입원시키고, 생활보호를 끊었다. 또한 64세 노인이 췌장암으로 저금도 다 쓰고 생활보호를 신청했더니, 복지사무소는 의료비 이외의 일용품 잡비 약 1만 엔을 지급하지 않고, 휴지와 비누조차 사주지 않아서 죽었다. 죽은 뒤에도 눈을 부릅뜨고 사회복지사를 노려봤다고 한다. "뭔가 하고 싶은 말이 남아 있었던 것이 아닐까? …… 말하고 싶은 것도 말하지 못하고, 이렇게 쓸쓸하게 죽게 되어서, 불쌍해지면 안 된다"고 복지사는 말한다.[98]

생활보호를 신청했어도 받아주지 않고, 몸은 쇠약해지고, 1987년 1월 22일, 결국 가스도 전화도 요금을 내지 못해서 난방도 되지 않아 힘들어하던, 모자가정의 어머니가 세 명의 아이를 남기고 굶어 죽었다. 삿포로시 시로이시(白石)구에서 일어난 일이다.

이미 가스도 끊기고, 시영주택의 임대료도 체납되어 있어서 그 어머니는 몸이 나쁘다고 생활보호를 신청했으나 진료도 받지 못하고, 생활조사도 받지 못하고, "젊으니까 일하세요"라거나, 9년 전에 헤어진 남편(도박벽 때문에 이혼)에게서 "부양에 관한 서류를 가져오도록" 하라며 신청 자체를 받지 않았다.

삿포로 텔레비전이 주변 사람들에게서 자세한 사정을 듣고 추적조사했기 때문에 이 사건은 사람들의 주목을 끌었지만, 다른 현의 사회복지

98 _《朝日ジャーナル》, 1988年 10月 7日号

사도 이 사건을 면밀히 추적조사해서 주관적 판단 없이 자료와 기록을 남겼다.[99]

또한 1988년 8월 22일, 니시미야(西宮)시에서 재삼생활보호를 상담하러 온 78세 노인이 시직원의 어깨를 과도로 찌른 사건이 일어났다. 노인은 병원에 입원하고 있을 때 생활보호를 받았지만, 퇴원해 보니 집이 헐려서 주거부정 신세가 되어 보호를 받을 수 없게 되었다고 한다.

도쿄도 아라가와(荒川)구에서는 1987년 10월 26일, 할머니가 무리하게 생활보호를 중단당해 스스로 목숨을 끊었다. "다시 살아서 복지를 받고 싶지 않다", "당신이 죽는다고 말했으므로 죽습니다"라고, 복지사무소에 항의하는 편지를 남기고 자살했던 것이다(도쿄도는 후에 아라가와구의 잘못을 인정했다).

이런 일이 예외적인 것이 아니다. 내가 드문 일을 새삼스럽게 강조하고 있는 것이 아니다.

야마나시(山梨) 근로자의료협회의 보고서 『의료흑서(醫療黑書)』 (1988)에는 가난 때문에 보험료를 내지 못하고, 건강보험증도 받지 못한 환자에 대해 "자신의 생활을 전부 드러내 보여주고 결국 얻은 것이라고는 이런저런 문구뿐이다. 말하고 싶지 않은 생활도 일부 있다. 인권의 침해도 일어나고, 마치 자신의 돈으로 보호하고 있는 듯한 복지사무소의 태도조차 보인다"고 동정하는 의사의 말이 적혀 있다.

이러한 많은 현장의 이야기에서 알 수 있는 것은 가난한 사람들 중에서 복지에 의존하는 사람은 거의 없다는 것이다.

---

99 _ 寺久保光良, 『福祉が人を殺するき』, あけび書房, 1988

몸도 약하고, 생활이 어렵지만, 생활보호를 받지 않고 돈을 빌려서 의료비를 내고 있는 사람이거나, 복지사무소와 행정에서 받은 치욕을 인간으로서 견디지 못하고, 죽어도 자신의 존엄을 지키려고 하는 사람이 오히려 많다. 아이의 수학여행에 건강보험증을 가지고 가지 않으면 안 되지만, 생활보호를 받고 있다는 사실이 알려지면 아이가 불쌍해지기 때문에 철회하는 사람도 많다고 한다. 자립자조를 정부가 설파하지 않더라도, 냉혹한 행정과 세상의 인심 속에서 가난한 사람들은 원조받지 못한다는 것을 철저히 알고 있는 것이다.

이런 사람은 결코 특별한 사람이 아니다. 우연히 남편이 음주운전으로 사고를 일으켜서 해고당하게 되었다거나, 직공이 자신의 팔 하나로 생활하고 있었으나 병에 걸렸다거나, 유아를 남겨두고 죽었다거나, 오랫동안 병으로 고생하면서 모은 돈을 모두 써버렸다거나, 그런데도 병은 더 낫지 않았다는 등 누구에게나 일어날 수 있는 일이다.

동정심과 사회적 공정심을 매장할 수는 없다

우리는 지금 별일 없는 매일을 보내면서 그 이면은 지옥이라는 사실을 잊고 있다. 그러나 어딘가에서 불행이 일어나고 있으므로 안심할 수 없으며, 열심히 저금을 해도 안심이 되지 않는다. 게다가 불행에 빠진 사람을 능멸하는 정치 풍조가 있다.

북유럽 수준 정도로 노인복지를 충실히 하려면 4조 5천억 엔에 못 미치는 예산이 필요하다. 기업의 접대비가 겉으로 드러난 것과 거의 같은 금액이다. 정치헌금의 뒷돈과 토지폭등으로 흐르는 돈과 융자금은 넘치고 있다.

나라의 풍요, 재계의 풍요는 한 사람의 풍요를 보장하지는 않는다. 사회보장과 주택문제의 빈곤을 통해 알 수 있는 것은 인간으로서 가장 중요한 생활의 토대가 보장되지 않는다는 것이다. 그 때문에 생활은 무너지기 쉽고 깨지기 쉽다.

사회보장이 없기 때문에 빈부격차가 좁혀지지 않고, 가난한 것은 자기책임이 되어 사회에서 낙오한 것으로 멸시받는다. 그것을 보고 있는 사람은 낙오하지 않기 위해 필사적으로 일하고 저금한다. 여유도 없고, 마음의 편안함도 없는 삶이다.

그 나라의 풍요는 가장 곤궁한 사람을 어떻게 대우하고 있는가로 증명된다고 하지만, 정말 그렇다. 강자에게는 정치는 필요하지 않다. 약자를 위해 정치는 필요한 것이다.

이미 말했듯이, 일본은 생각이 다른 사람들이 논쟁을 벌이기 어려운 사회이기는 하지만, 정부의 정책에 대해, 인권의 입장에서 또는 지구적 풍요의 입장에서, 비판적으로 행동하며 아주 다른 풍요를 만들어내려고 하는 움직임이 풀뿌리에 있는 것도 사실이다. 그리고 풍요는 이러한 행동도 의미한다.

6장

풍요란 무엇인가

일본은 경제대국이라고 한다. 그러나 풍요로운 나라는 아니다. 경제력이 국민들의 풍요로운 생활에 연결되지 않았을 뿐만 아니라, 돈이 넘쳐나는 현상이 땅값을 올리고, 나아가 주택수준을 떨어뜨리고 있다. 격차와 불공정이 확대되고 있을 뿐만 아니라, 기본적 인권마저 지켜지지 않고 있다.

금융 및 증권업계는 번영하고, 부동산과 건설업계도 커지고 있으나, 거기에서 일하는 근로자는 긴 노동시간에 지치고 있다. 그리고 노동의 과실은 작고, 노후의 보살핌은 빈곤하다.

대체 왜 경제대국 일본의 국민들은 풍요롭지 못할까? 다른 선진국은 할 수 있는 일들을 왜 일본은 할 수 없을까?

그리고 우리가 정말로 풍요로운 인생을 살고, 풍요로운 사회를 아이들에게 물려주기 위해 어떻게 해야 좋을까?

이런 의문들을 풀기 위한 실마리로 앞의 두 장에서 노동, 주택과 지역환경, 사회보장에 초점을 맞춰서 살펴보았다. 만일 우리가 짚어본 문제들이 이미 잘 알려진 것이라면, 풍요로움을 막고 있는 원인을 더욱더 밝히지 않으면 안 된다.

풍요란 무엇인가? 어떻게 풍요로운 인생을 살고, 풍요로운 사회를 만들어갈까? 이런 중요한 문제는 물론 저마다 생각하고 행동하는 것에 따라 해결되어야 하므로, 획일적으로 바로 이것이라고 말할 수는 없다.

그러나 이제까지 보아온 것에서 알 수 있듯이, 다양한 사람들의 사고방식에는 일치하는 공통점이 있고, 사회적으로 이러한 조건이 마련되면 저마다 풍요로운 인생을 만들어내기 쉽다고 생각하는 몇 가지 사항이 있다고 본다. 여기에서 내 나름대로 그 공통부분에 관한 생각을 이야기해보고 싶다.

공통의 생활기반을 충실히 한다

돈과 물건만 있으면, 풍요로운 생활을 할 수 있다고 생각하는 사람은 아마 거의 없을 것이다. 아주 돈이 많고 자유로운 왕의 불행한 이야기는 가난한 사람의 불행한 이야기와 마찬가지로 많다.

이야기가 아니더라도, 아무리 돈이 많아도 전염병과 전쟁과 공해와 사회의 혼란은 피할 수 없기 때문에, 돈과 물건만으로 풍요와 행복을 살 수는 없다.

풍요로운 사회를 만들어내기 위해 우선 사회적으로 필요한 것은 사회보장, 자연환경을 포함한 사회자본을 충실히 하는 것이며, 그와 함께 공공복지를 지키는 법과 제도를 확립하는 것이다. 예컨대 노인, 아동, 장애우복지법, 노동기준법, 주택기본법(일본에는 아직 없지만, 이 법에 의해 국민이 일정 수준에 못 미치는 주택에 사는 것을 금지하며, 나라는 당연히 기준에 맞는 주택을 제공할 의무가 있다. 영국을 비롯해서 유럽의 선진국은 주택을 기본적 인권의 하나로 생각하고 기본법을 정했다) 등이 여기에 해당한다.

즉 사회의 공통자본으로서 물적인 조건을 마련하는 것과 함께 복지를 실현하기 위한 여러 제도가 차의 두 바퀴처럼 움직이지 않으면 안 된다.

나아가 인간을 대상으로 하는 복지를 운영할 때는 규칙에 맞지 않는 예측하지 못한 일이 끊임없이 일어난다. 그 경우 법과 제도의 목적을 잊어버리고, 조건의 합치만을 이야기한다면, 많은 비극이 생겨난다.

이런 것들을 적절히 판단하고, 법과 제도의 목적에 맞는 처리를 하는 것은 바로 사람이다. 그렇게 하기 위해서는 기준법과 복지관계 업무에 관여하는 직원들이 끊임없이 연수를 받고 상호 사례를 검토해야 한다. 구체적인 일과 규칙 사이에는 틈이 있는 경우가 많을 것이다. 대체로 조건에 합치하는 일은, 사람과 관련한 일에서는 거의 없다(원래 조건에 들어맞는 사람조차 노인홈 입주 등에서 받아들이지 않고 있지만).

이동목욕차가 있어도 고층건물의 높은 층에 누워 있는 노인은 대상이 되지 않는다거나, 가까운 건물의 소음과 진동이 심하기 때문에 아픈 노인이 단기입원을 희망해도 조건에 맞지 않는다며 거부한다거나, 가정도우미 파견과 노인홈 입주조건이 엄격해서 이용할 수 없다거나, 보육원의 조건이 이용하기 어렵게 되어 있다거나, 구체적인 사례에 대한 대응이 잘 이루어지지 않기 때문에 그렇지 않아도 빈곤한 사회자본과 사회보장이 더욱 빈곤해지는 예가 많다.

사회보장과 사회자본과 기준법을 정비할 때, 그것을 구체화하는 인력의 충분한 수와 대응이 중요하다는 것을 강조하고 싶다. 그리고 그것을 개선하기 위해서는 정치와 행정의 철학과 자세가 큰 영향을 미친다는 것을 다시 지적하고 싶다.

행정 담당자는 실패했다는 사실을 끊임없이 숨기려고 한다. 그러나 인간에게 실패는 늘 따라다니며, 사회는 성공보다도 실패에서 더 많이 배워 진보해왔다. 과학적 실험 등은 오히려 실패가 집적된 결과 처음으로 진실에 도달했다.

실패를 인정하고, 재발을 막아야 한다. 열린 자세로 검토하고 개선하는 사회의 습관이 없다면, 진보는 기대할 수 없으며, 인간에 대한 풍요로운 대응도 불가능하다.

『간호사고는 왜 일어났는가(기노시타 야스코(木下安子) 편저)』[100]를 보면, 사회가 운영될 때 사고를 올바로 위치지우고, 귀중한 경험으로 공적 토의의 장으로 제출하는 것이 얼마나 어려운가를 잘 알게 된다. 내가 4, 5장에서 말한 과로사와 생활보호적용의 실패가 사회의 재산으로 살려지지 않고 매장되는 것이 인권의 토양을 점점 더 피폐케 한다는 것은 부인할 수 없다. 실패와 비판이 사회를 풍요롭게 하는 양분이 되어야 한다.

이러한 상태를 개선하기 위해서는 경제가치에 이바지하는 사람만이 아니라, 사회의 풍요에 이바지하는 사람들의 대우를 개선할 필요가 있다. 노인복지와 간호와 장애우 돌보기에 종사하는 사람에 대한 급여는 대기업 직원에 비해 너무나 적다.

이제까지 물건과 돈은 경제가치를 더욱 늘리기 위해서만 사용되어왔

---

100 _ 看護事故はなぜおきたか, あゆみ出版, 1985

다. 물건과 돈을 복지를 위해 사용하는 습관이 일본에는 뿌리를 내리지 못하고 있다.

일본인에게 사람과 사람의 관계는 많은 경우에 상품과 돈을 주고받는 것일 뿐이다. 인간 전체가 물건과 돈, 경제에 예속되어 있는 것이다.

여기서 인간의 복권을 꾀하려고 한다면, 우리는 공동체적인 장을 의식적으로 만들지 않으면 안 된다. 되풀이하는 것이지만, 인간의 자유는 고립에서가 아니라 연대하는 생활기반이 있어야 비로소 가능하기 때문이다.

아이누인[101]이 "부를 쌓는 것은 각 개인의 창고에 물건을 모으는 것이 아니라 대지와 자연을 풍요롭게 해서, 자연 속에 부를 쌓는 것이다"라고 말한 것을 귀기울여 들어야 하지 않을까?

자연을 기반으로 삼아 그것을 손상시키지 않고, 그 위에서 삶의 복지 기반을 쌓지 않고는, 개인의 풍요는 실현될 수 없다. 호화로운 정통요리도, 식품의 안전이 지켜지지 않는다면 거꾸로 건강을 해치고, 대기오염과 산성비를 피할 수 있는 강자는 어디에도 없을 것이다.

교육을 예로 들면 이해하기 쉽겠지만, 인간은 평등에 대한 노력이 없이는 풍요로운 사회를 만들 수 없었다.

교육의 기본적 수준이 마련되어 있어서, 민주적 합의도, 노동자 고용과 직업의 전환도, 비교적 원활히 이루어져 온 것을 잊어서는 안 된다. 또한 활발하고 자유로운 언론도, 다양하고 창의적인 발상도, 교육의 밑

----

101 _ 역주—홋카이도의 원주민. 홋카이도는 메이지 유신 이후 1880년대에 일본의 식민지가 되었으며, 이 경험은 뒤에 조선을 강점해서 지배하는 역사적 기반이 되었다.

받침에 의해 많은 사람들에게 가능했던 것이다.

공공이란 소수의 것이 아니다. 한 사람 한 사람이 자주적으로 공동체적인 토대에 대해 의견과 행동을 던지고, 끊임없이 그것을 '우리의 것'으로 개선하는 동시에 그 토대가 우리 한 사람 한 사람을 지탱하고 자유롭게 한다는 의미에서, 공공의 것은 공유재산이다. 그것은 지배와 복종의 관계도 아니고, 어떤 가치관을 강요하는 것도 아니다.

그 기반이 확고해질수록 경쟁으로 개인이 눌려 찌그러지는 경우는 없어질 것이다. 물건과 돈을 주고받는 것으로 사람과 사람의 관계가 만들어질 수 없고, 사람과 사람의 관계가 제대로 이루어진 뒤에야 그 관계의 방식을 더욱 잘 만들기 위해 돈과 물건이 움직이게 될 것이다.

인간과 두 가지 자연이 만나 조화와 통일을 이루다

인간은 물론 어떤 물질적인 기본이 채워지지 않으면, 예컨대 굶주림과 추위 속에서는 풍요롭다고 할 수 없다.

그러나 풍부나 풍요라는 말은 생태학자가 말하듯이, 원래 생물에게 지구적 풍요, 즉 되도록 많은 종이 공존하고 있는 것을 의미했다. 많은 종이 공존할수록 저마다의 개체도 풍요로운 삶의 방식을 보장받을 수 있는 것이 대자연의 원리원칙이기 때문이다. 인간의 개성을 중요하게 여기는 것이나, 약자도 함께 산다는 것은, 인간도 또한 자연의 일부인 한, 지구적 풍요에서 보면 당연한 것이다.

나뭇잎이 떨어져 박테리아에 의해 분해되어 토양을 풍요롭게 하듯이, 작은 새가 나무열매를 먹거나 흙 속에 쌓거나 해서 결과적으로 나무를 심듯이, 많은 종은 서로 의존하면서 살아가고 있다. 인간도 또한 서로 의존하고 연대하면서 사회 속에 뿌리를 내리고, 노동을 하고 대인관계를 꾸리며 자연과 교류하며 양분을 흡수하고 자기 자신도 어느 정도의 것을 환원해서 식물처럼 생의 순환을 되풀이한다. 그 순환의 환은 다른 사람들의 순환의 환과 서로 뒤얽히고 연대해서 풍요로워진다.

기업의 톱니바퀴의 하나가 되어서 전인성(全人性)을 회사에 바치고 집으로 돌아와 잠자는 것만이 자기 자신의 온전한 인성이 아니다. 돈이라는 가치 하나에만 지배되는 것도 풍요는 아니다.

원래 삶이란 생명력의 전체적인 발현이며, 한쪽으로 치우친 부분적인 인생은 풍요로운 인생이라고는 할 수 없다. 우리는 먹는 것, 따뜻한 것, 자는 것, 사랑하고 사랑받는 것, 사회에서 따돌림받지 않는 것, 교육, 신념, 문화활동, 정치활동 등 모든 것에 대한 욕구를 가지고 있으며, 이 모든 것이 잘 어우러져야 한다. 그것이 자기실현이다.

또한 우리는 웅장한 산을 보거나, 숲속을 걷거나, 비에 젖은 나무들 위에서 햇빛이 반짝이는 것을 볼 때, 또한 모든 풀과 꽃, 바람의 산들거림, 물 소리, 곤충과 새를 만났을 때도 마음이 빛나며, 아름다움과 감동을 느낄 수가 있다. 자연 속에 있으면, 뭐라고 표현할 수 없는 기분이 되며, 영원한 자연과 생명의 불가사의함에 신비스러운 무엇인가를 느낀다. 좌절을 겪다가도 자연을 보고 다시 일어설 수 있는 것도, 인간 그 자체가 자연적 존재이기 때문일 것이다.

우리는 근대문명에 말려들어가지 않은 자연을 친구 삼아 살아가는 민족에게서 풍요와 선망을 느끼기도 한다. 그것은 우리 속에 있는 자연과 외계의 자연이 서로 교류하고 부르기 때문일 것이다.

비유적인 표현이지만, 인간은 외부의 자연과 한 몸이며, 이들과 서로 교류하고, 정서적이고 감각적인, 혹은 식욕과 성욕이라는 새로운 영역의 표현을 비롯한 신체적인, 이른바 '제1의 자연'이라고 불리는 것과, 과학, 기술, 생산 등에 관한 '제2의 자연'이라고 불리는 두 가지 자연과 만나 조화와 통일을 이루며 살아간다.

그러므로 인간이 자신을 전체로서 사는 것은 제1의 자연, 제2의 자연과 통일을 이루어 다른 존재와 공존하는 것을 뜻하며, 그것이 풍요로움이라는 충실한 행복감을 낳는 것이라고 생각할 수 있다. 경제가치에만 매달리는 것은 인간의 두 가지 자연의 조화에 걸맞지 않은 것이 아닐까?

일본에는 어메니티(amenity)라는 말에 해당하는 정확한 번역어가 없다고 하지만, 어메니티란 있어야 하는 곳에 제대로 있을 때 존재가치가 있다. 즉 그것은 제1의 자연과 제2의 자연이 통일을 이루어 적대적이지 않고 공존을 넓혀가는 것을 의미한다. 그리고 일본에서는 기술과 생산력의 가치가 너무 지배적이기 때문에 '있어야 하는 것'도 '있어야 하는 곳'도 알 수 없게 되어버렸다.

두 가지 자연의 통일을 조화라고 할 때, 주의하지 않으면 안 되는 것이 있다. 과학, 기술, 생산 등 이른바 제2의 자연에 관한 언어표현은, 숫자와 법칙을 포함해서, 다양하고 정확한 표현형식을 가지고 있다고 생각된다. 금전에 관해서는 가장 간명하다. 그렇지만 어떤 산은 멋지다거나, 이 그림과 음악은 좋다는 감각적인 제1의 자연에 관해서는 우리는 숫자와 법칙처럼 객관적으로 표현할 수 없다. '슬프다'는 한 마디 말 뒤에는 아마도 여러 가지 것들이 있겠지만, 슬픔이 깊으면 깊을수록 그것은 '슬프다'라고밖에 말할 수 없고, 사람은 그것을 구체적으로 깨닫거나 또는 감각적이고 신체적인 것에 의해 서로 이해할 수 있을 뿐이다.

감각과 감정을 정확히 객관적으로 표현하는 것이 어려울 뿐만 아니라 인간에게는 무의식이라는 영역도 있다.

내가 여기에서 문제 삼고 싶은 것은 인간은 (혹은 자연은) 아직 알려지지 않은 많은 것을 가진 미지의 존재이며, 단지 물건과 돈이 있다고 행복하다고 규정하는 것만큼 단순한 말은 없다는 것이다. 즉 풍요로운 사회의 실현은 물건이 결정하는 것이 아니라, 바로 인간이 결정한다.

객관적인 표현은 할 수 없어도, 이 제1의 자연, 감각과 감정과 신체라는, 우리의 삶을 지탱하는 것에도 정당한 자리를 내주지 않으면, 진정한 풍요로움은 얻을 수 없다.

여기에서 오해를 피하기 위해 말하면, 이 감각의 세계는 한 사람 한 사람에게 완전히 개별적인 것이 아니다. 또한 포착하기 어려운 것, 증명할 수 없는 것이 존재하지 않는다는 것도 아니다. 오히려 너무나도 자명한 것이기 때문에 일부러 설명할 필요가 없다고 생각된다.

바로 그렇기 때문에, 돈과 정치가의 연설로는 얼버무려지지 않는 것으로 인간의 공통적인 감수성의 세계가 있다. 이 세계에서도 풍요로움을 느끼게 하려는 기술, 생산, 사회의 존재방식이야말로 진정한 풍요가 아닐까? 그것은 지구적인 풍요와 공통적인 풍요이다. 그리고 그 풍요는 체험을 해야만 느끼고 표현할 수 있으므로 인간은 풍요로운 전인간적 체험을 체험할 수 있는 여가, 즉 자유시간이 필요하다.

노동시간을 단축하고, 노동의 존재방식을 바꾼다

노동시간의 단축은 인간성을 회복하기 위해 절대적으로 필요하다. 치우친 노동만을 체험한 인간은 판단력과 감각이 병들어버린다. 그리고 불확실한 자신의 존재감을 확인하기 위해, 불안을 얼버무리기 위해, 더욱더 노동에 빠져드는 악순환을 되풀이한다.

노동은, 그리고 노동이 만들어내는 것은, 인간의 풍요를 지탱하는 중요한 하나의 기둥이다. 그러나 그것이 병적인 노동방식으로 진행되며, 생산과정과 생산의 결과가, 이윤은 만들어내지만 인간 사회의 복지와 자연을 파괴한다면, 인간은 그 안에서 만족을 찾을 수 없다. 그리고 그 불만은, 노동시간의 단축 또는 도피, 또는 그것들을 일부러 생각하지 않으려는 병적인 대응으로 나타난다.

그러므로 형식적으로만 노동시간이 단축된다면, 그것으로 모든 것이 끝난다고는 할 수 없다.

병적인 노동에 대해서는 병적인 여가가 있다고 말하듯이, 노동시간의 단축과 동시에 노동의 존재방식을, 공존과 복지를 넓히려는 노동으로 바꾸지 않으면 안 된다. 그것은 노동조합이 자신의 책임으로 자본의 요구와 대항하면서 적극적으로 맞붙어 싸워야 하는 커다란 과제이다.

예컨대 시몬 베유[102]는 인간적으로 노동하기 위해 그녀의 유작 『뿌리를 갖는 일』에서 사람이 전체와 자신의 관계를 체득할 수 있도록 노동방식을 바꿀 것을 제안하고 있다. 그리고 노동을 한나절 정도만 하고, 남은 시간에 동료와 우정을 깊이 쌓고, 자신이 만든 작품을 이해하고, 그것이 사회에서 어떤 역할을 하는가를 학습하고 확인해가는 노동의 존재방식을 제창하고 있다.

---

102 _ 역주─참된 자유를 추구한 프랑스의 철학도이자 운동가. 1909년 2월 3일 파리에서 유대계 의사의 딸로 태어났으며, 나치를 피해 미국으로 떠나 1943년 8월 24일 사망했다.

이제까지 많은 노동조합이 이른바 물건과 돈의 눈으로 보는 물질적인 요구에만 중점을 두고, 노동의 즐거움을 느낄 수 있는 직장, 인간성의 존중, 공존의 원칙에 열의를 보이지 않았던 것은 노동조합이 자본의 논리에 묶여 있으며, 그 국물을 얻어 가지는 데 만족해왔기 때문이라고밖에 생각할 수 없다. 즉 그러한 일면적인 노동운동은 풍요의 실현에서는 너무나 멀리 떨어져 있고, 풍요를 오히려 왜곡해온 것인지도 모른다.

진정한 풍요를 향하여

진정한 풍요를 실현하기 위해서는, 우선 각자가 자신의 풍요로운 인생을 실현하려면 어떤 삶의 방식을 만들어야 하는지를 이론적으로만이 아니라, 신체적으로도 알고 있지 않으면 안 된다. 경제가치와 풍요의 관계를 통일하기 위해서, 어떤 삶의 방식이나 어떤 사회가 좋은지를 돈벌기와 기술발명에 뒤지지 않는 열정으로 탐구할 필요가 있다.

그리고 풍요로운 공존이 자신의 삶을 지탱한다고 한다면, 차별과 격차, 제3세계와의 관계에 예민해져서 모든 사람의 기본적 인권이 보장되고, 다양하고 평등하게 할 수 있도록 하는 제도를 만들어내지 않으면 안된다.

다양성이라고 하면, 제멋대로 뿔뿔이 살아가는 것으로 생각한다. 프레온가스도 핵도 좋다는 식으로 안이하게 해석하기도 하지만, 지구 차원의 풍요에서 본다면, 그것은 공생이라는 보편성을 무너뜨리고, 개개의 생명도 파괴하는 것이어서, 결코 풍요의 실현이라고 할 수 없다.

모든 생명을 지탱하는 보편성, '기본적 인권'이나, '살 권리'나, '생명의 존엄'이나, '공공의 복지'나, '순환을 지킨다'는 공존의 원칙은,

획일적인 파시즘의 지배와 경제가치에 모든 것이 말려들어가는 것과는 본질적으로 다르다. 그것은 개인이 저마다 풍요롭게 살아가는 것을 보장하는 토대이다.

개성과 자유의 이름 아래 결국 획일적 잣대로 경쟁의 승부가 결정되고, 결국 강자의 지배를 받으며 획일화되고 복종하고 마는 것은 풍요롭고 창조적인 자유와는 다르다.

예컨대 일본에서는 경제가치의 잣대를 위해 비효율적인 농업을 망하게 하고, 수입에 의존하자는 주장이 버젓이 통하고 있다.

그러나 유럽에서는 도시와 농촌이 결혼해야 한다고 말하며, 농업은 공업의 파트너이며, 공업생산물을 사는 국내시장의 고객으로서만이 아니라, 자연환경과 흙과 물의 보전, 생산녹지가 있는 것의 좋음, 자연을 상대로 생산하는 사람의 사고와 의식이 공업과는 다른 다양한 발상을 만들어낸다는 것, 식물이 자라는 것을 보는 것의 좋음, 교육과 정서에 미치는 영향 등 다양한 것을 농업의 가치로 인정하고 있다. 이것도 풍요로운 사회를 이루는 한 가지 방법이다.

나는 서독에 머무를 때, 그때까지 생각해보지 못했던 '풍요'를 배우고 놀랐던 적이 있다. 어느 날 아침, 숲을 가로질러 일하러 갈 때, 휴가를 보내는 한 중년 남성이 숲속 등나무 의자에 잠이 들어서 꼼짝하지 않고 있었다. 저녁에 그 숲을 통해 돌아오는 데 그 사람이 같은 모습으로 꼼짝하지 않고 있었다. 그래서 무심코 나는 말을 걸어보았다.

"당신은 거기서 하루 종일 뭘 하고 있습니까?"

그의 답은 다음과 같았다.

"인간은 능동적으로 무엇인가에 반응하고, 일을 할 때도 얻는 것이 있습니다. 그러나 목적을 향해 한 가지에 집중해서 무엇인가를 할 때는 주변에 있는 것은 눈에 들어오지 않습니다. 이렇게 아무것도 하지 않고 있으면, 작은 새의 소리, 바람의 산들거림, 낙엽 소리, 햇빛, 이런저런 것이 조용히 들리고 보입니다. 수동적으로 자신을 비워서 받아 가지는 것도 풍요입니다.[103] 나는 이렇게 때때로 자연과 대화하며, 교류하고, 이미지를 가득 채워서 도시로 돌아갑니다. 자연과 함께 사는 것, 서로 지탱하고 도와주는 것, 평화로운 것, 자손에게 물려줘야 하는 사회의 유산 등을 몸으로 느끼고, 자신의 것으로 만드는 것입니다."

이것은 삶의 방식의 풍요, 프롬[104]의 말로 하자면 '소유인가, 존재인가' 라는 존재방식의 풍요처럼 생각된다. 무엇인가를 한다는 것과 동시에 아무것도 하지 않는 것의 가치를 인정하는 것도 또한 풍요가 아닐까?

"시간을 아끼는 것이 정말 전혀 다른 무엇인가를 아끼고 있는 것이라는 사실을 어느 누구도 알아차리지 못했던 것 같다. 자신들의 생활이 날마다 쫓

---

103 _ 역주─우리에게 가장 부족한 것, 또는 원천적으로 결여된 것이 바로 '비우는 풍요'이다. 깊은 산골에까지 송전탑, 전봇대, 전깃줄, 도로, 자동차, 아파트, 펜션, 전원주택, 가든, 카페, 모텔, 각종 거대한 간판들, 뽕짝 댄스 메들리를 비롯한 시끄러운 음악소리로 가득 채우고 있는 처참한 실정이다. 오늘날 한국에서 가장 귀한 것은 몸을 쉬고 충전할 수 있는 조용하고 깨끗한 자연이다.

104 _ 역주─에리히 프롬. 1900년 3월 태어나 1980년 3월에 사망한 정신분석학자. 유대계 독일인으로 나치를 피해 1933년에 미국으로 망명했다.

기고, 날마다 획일화되고, 날마다 차가워지고 있다는 것을 어느 누구도 깨
닫지 못하고 있었다."

미하엘 엔데는 『모모』에서 이렇게 말했다. 또한 유럽의 생태주의자 모
임에서 다음과 같은 이야기를 나눴던 것도 내게는 인상적이었다.

노동을 스스로 감동할 수 있는 것으로 만들기 위해서 전체를 다 볼 수 있는
소규모로 할 것. 책임자는 교대로 맡는다. 실패가 허용되는 여유있는 기술
을 사용할 것(핵발전과 같은 꽉 막힌 기술을 사용하는 것은 자연과 인간에
게 위험할 뿐만 아니라 노동 그 자체를 비인간적으로 만든다). 다른 존재를
다치게 하지 않는 기술을 수준 높은 기술이라고 생각한다. 노동과 생활의
경계를 없애고, 인간의 활동으로서 통일된 것으로 만들 것. 남녀가 평등하
게 생활에 책임을 질 것. 회의에서는 이해가 되지 않는데도 다수결로 결정
하지 말 것. 자신의 발언에 책임을 질 것. 개인을 전체에 묶지 말 것. 표현
은 언어만이 아니라 그림과 음악과 무용과 인간의 전체적인 커뮤니케이션
수단을 중요하게 여길 것 등등.

'돈 벌기', '물건 사기' 등 소유의 개념에서 표현할 수 있는 풍요가 아니
라, 소유하는 것이 인간과 인간의 관계를 풍요롭게, 인간과 자연의 관
계를 풍요롭게 할 수 있도록 하는 풍요를, 우리는 어떻게 하면 만들어낼
수 있을까를 진정 생각하고 실현해야 한다.

차별과 격차를 없애는 것, 농약, 핵발전, 식품첨가물, 물을 더럽히는
세제, 인권의 입장에서 경찰서 유치장에 반대하는 것, 풍요로운 노후와

죽음, 편차치(偏差値)에서 해방된 아이를 위한 진정한 교육, 지식이 인간의 존재와 늘 연결되어 있도록 할 것, 약자에 대한 연대와 동정은 미래를 향한 동정이기도 하다는 것, 국제적인 평화와 평등, 이 모든 다양한 발상과 진정한 풍요를 향해서, 먼 미래를 내다보는 행동이 풀뿌리와 같은 시민활동 속에서 태동하기 시작하는 것을 나는 느낀다.

경제가치우선주의라는 획일적 잣대로 우열을 재고, 패자를 배제하는 사회 흐름에 맞서서, 이러한 풀뿌리의 움직임이 사회의 커다란 흐름이 될 때, 즉 인간의 사상과 활동이 풍요로운 공존을 향해 생생히 움직여 나갈 때, 풍요로운 사회는 실현되고, 생산력은 이에 이바지하게 될 것이다.

에필로그

지금 일본의 풍요에 대해 각 방면에서 많은 논의가 일어나고 있다. 이는 아마도 일본의 풍요에 문제가 있기 때문일 것이다. 일본의 풍요는 전환점에 서 있으며, 또한 변화하지 않으면 안 된다고 생각한다.

호황 속에서 일본의 경제력에 취한 사람도 아주 많지만, 다른 한편에서는 거대한 경제력의 방향을 잘못 잡아서 일본이 자기붕괴를 일으킬 위험성이 있다고 예측하는 사람도 있다.

나라들 사이에 무역마찰이 계속 문제가 되고 있기 때문에 국내에서는 풍요로움과는 연이 닿지 않는 사람이 있다. 제3세계에 대한 물건과 돈의 원조가 그 나라를 제대로 풍요롭게 하지 못하는 것도 자국에서의 풍요의 존재방식에 원래 커다란 문제가 있기 때문이 아닐까?

나는 이 책에서 "일본은 경제대국인데도 국민은 풍요로움을 느끼지 못한다"고 계속 말한 데 대해 그 이유를 밝히려고 했다.

그 때문에 빈곤의 상징인 노동시간과 주택을 비롯한 사회자본의 빈곤, 삭감된 사회보장, 자연환경의 파괴, 의식의 획일화, 편차치 교육 등에서, 그것들의 원인인 사회의 뿌리로 내려가고 싶다고 생각했다. 유감스럽지만, 내 무능력 때문에 그 시도는 아직 출발점에 서 있을 뿐이다.

풍요에 대한 생각은 시대와 개인에 따라 다르지만, 그 바탕에는 어떤 공통점이 있다고 생각한다. 그것은 기본적 인권과 복지사회에 공통적인 보편성이 있다는 것과 아주 비슷하다.

이 책을 마치면서 '풍요란 무엇인가' 라는 주제는 깊고 넓다고 생각하게 되었다. 그러나 지금이야말로 일본은 그것을 더욱 깊이 파고들어가서 생각하지 않으면 안 된다.

인생을 풍요롭게 살고, 지구상의 풍요로운 공존을 넓히기 위해, 더욱 많은 사람들이 각자의 처지에서 발언하고 행동했으면 하는 것이 나의 바람이다.

이 책을 쓰면서 편집부의 미야베 보아키(宮部信明) 씨와 풍요에 관해 토론한 시간도 즐거웠다. 세심한 도움을 아끼지 않은 미야베 씨에게 진심으로 감사드린다.

1989년 8월

데루오카 이츠코

옮긴이의 말

이 책은 데루오카 이츠코 교수의 『풍요란 무엇인가(豊かさとは何か)』(岩波書店, 1989)를 옮긴 것이다. 2000년에 출판된 47쇄본을 번역본으로 사용하였는데, 12년 동안 매년 네 번씩 인쇄한 셈이다. 지금도 계속 쇄를 거듭해 찍고 있는데, 이 정도면 대단히 널리 읽힌 책이라고 할 수 있다. 데루오카 이츠코 교수는 이 책의 후속편으로 『풍요의 조건(豊かさの條件)』(岩波書店, 2003)을 출간했다. 나는 2003년에 출판된 12쇄본을 가지고 있다. 이 책도 역시 독자들의 반응이 좋다.

데루오카 이츠코 교수는 1928년 오사카부에서 태어나 1963년 도쿄에 있는 호세이(法政)대학교에서 '생활경제학' 전공으로 박사과정을 마쳤다. 전공이 상당히 특이하다. 사실 옮긴이는 데루오카 이츠코 교수의 전공에서 처음으로 '생활경제학'이라는 분야를 알게 되었다. 데루오카 이츠코 교수는 현재는 은퇴해서 도쿄 부근 사이타마대학교 명예교수로 다양한 저술활동과 사회활동을 활발히 펼치고 있다. 그 중에는 물론이 책과 관련된 강연도 있다.

옮긴이는 이 책을 2003년 여름에 처음 읽었다. 도쿄의 한 서점에서 당시 수행하고 있던 연구와 관련된 책들을 찾다가 우연히 이 책을 보게되었다. 책을 읽으면서 일본 사회에 대한 데루오카 이츠코 교수의 설명에 점점 빠져들었고, 나아가 그것이 한국 사회에도 고스란히 적용될 수 있다는 생각을 했다. 데루오카 이츠코 교수가 일본 사회의 문제에 대해 설명하고 있는 것은 사실 한국 사회의 문제에 대해 옮긴이가 생각하고 있던 많은 것들에 대한 해답이기도 하다.

개발과 투기 문제, 저열한 사회자본 문제, 위험한 연금개악 문제, 그리고 이기적이고 무능력한 노동운동 문제에 대한 데루오카 이츠코 교수의 설명은 마치 한국 사회를 대상으로 하는 것처럼 생각될 정도이다. 지금 한국은 '돈 많은 못 사는 나라'이다. 한국은 분명히 '기형국가'이다. 이 문제를 해결하고 진정한 선진국을 이룰 수 있는 길은 분명히 있다. 중요한 것은 그 길이 널리 알려지도록 해서 많은 시민들이 그 길로 나아갈 수 있도록 하는 것이다.

데루오카 이츠코 교수가 제시하듯이, 우리도 진정한 선진국을 모델로 해서 '진정한 선진화'를 이룰 수 있으며 이루어야 한다. 비인간적이고 반생태적인 성장주의와 개발주의가 아니라 인간적이고 생태적인 복지주의가 그 길이다. 그리고 그렇게 하기 위해 데루오카 이츠코 교수가 하고 있듯이, 우리의 현실에 대한 구체적 관심과 연구가 많이 활성화되어야 할 것이다. 서구의 사변이 아니라 우리의 현실을 천착하는 것이 무엇보다 중요하다. 그리고 우리의 현실을 개혁하기 위해 서구의 현실을 사례로 하는 연구가 더욱 활발해야 한다.

나는 데루오카 이츠코 교수가 한동안 서독에서 지내면서 생활의 관점에서 서구의 현실과 일본의 현실을 비교해 여러 문제를 찾아내고 대안을 제시한 것에 주목해야 한다고 생각한다. 한국의 학계는 서구에서 공부한 유학파들이 지배하고 있으며, 공무원들도 앞다퉈 서구에서 '연수'를 받고 있다. 그런데 왜 한국은 서구에서는 결코 볼 수 없는 처절한 난개발 공화국이 되었는가? 멋진 서구를 찬양하며 그곳에서 공부하고 생활했던 경험을 자랑하는 학자들이나 공무원들은 넘쳐나지만 정작 이곳을 그곳처럼 멋지게 만들고자 애쓰는 학자들이나 공무원들은 찾아보기 어렵다.

'기형국가' 한국은 '4대 악마'가 지배하고 있다. 엄청난 재정을 탕진하고 국토를 파괴하는 토건국가, 경제를 좌지우지하는 무소불위의 재벌권력, 모든 시민의 시간과 소득을 가차없이 빼앗고 무한경쟁으로 내모는 투기사회와 학벌사회가 그것이다. 복지사회의 정착을 위해서는 이러한 '4대 악마'와 싸워 이겨야 한다. 특히 토건국가의 해체는 즉각적인 복지재정의 증대와 국토파괴의 감소로 커다란 복지의 증진을 이루게 될 것이다.

이 책의 초판이 세상에 나오고 어느덧 18년의 세월이 흘렀다. 그러나 그 내용은 여전히 절실하며 현재적이다. 부디 독자 여러분이 즐겁게 읽고 많이 배울 수 있는 책이 되기를, 그리하여 '기형국가' 한국의 문제를 바로잡을 수 있는 길이 더 크게 열리기를 바란다.

2007년 12월

홍성태

부자 나라,
가난한 시민

1판 1쇄 찍음 2007년 12월 12일
1판 1쇄 펴냄 2007년 12월 20일

펴낸곳 궁리출판

지은이 데루오카 이츠코
옮긴이 홍성태
펴낸이 이갑수
주간 김현숙
편집 변효현
디자인 이현정, 전미혜
영업 백국현, 도진호
관리 김옥연

등록 1999. 3. 29. 제300-2004-162호
주소 110-043 서울특별시 종로구 통인동 31-4 우남빌딩 2층
전화 02-734-6591~3
팩스 02-734-6554
E-mail kungree@chol.com
홈페이지 www.kungree.com

ⓒ 궁리출판, 2007. Printed in Seoul, Korea.

ISBN 978-89-5820-114-4   03330

값 10,000원